우리 쌀로 빚는
전통주 이야기
실전을 통하여 배워가는 우리 술 빚기 특강

류규형 지음

부록4
작은 시화집

우리 쌀로 빚는
전통주 이야기

초판 1쇄 인쇄 2015년 03월 20일
초판 1쇄 발행 2015년 03월 30일
개정·증보판 1쇄 인쇄 2019년 12월 03일
개정·증보판 1쇄 발행 2019년 12월 09일

지은이 류규형
펴낸이 홍행숙
펴낸곳 문학의문학
등록번호 105-91-90635
주소   서울 구로구 개봉로3길87 103동 103호
전화   722-3588
팩스   722-3587

ISBN 979-11-87433-19-4 (13590)
이 책의 판권은 문학의문학에 있습니다.

우리 쌀로 빚는
전통주 이야기
실전을 통하여 배워가는 우리 술 빚기 특강

류규형 지음

문학의
문학

증보판 책머리에

우리 쌀로 빚는 전통주 이야기를 출간한 지 4년이 지났다. 그동안 술을 빚으면서 경기대 평생교육원 수수보리아카데미에서 전통주에 관한 강의를 하며 외도를 하였다. 시를 쓰기 시작하고 가곡을 부르고 있다. 술을 빚고 노래하며 시를 짓는 풍류를 흉내 내고 있는 셈이다.

술을 빚어 오면서 매력적이라고 느낀 여섯 가지 술. 고량주의 주재료가 되는 수수를 이용하여 빚은 '수수(秀秀)', 쌀에 붉은 색 누룩곰팡이를 고체 발효시켜 만든 붉은 쌀을 이용하여 빚은 '홍국주', 혼자 해파랑길 770km를 완주한 기념으로 빚은 '해향(海香)', 타임지가 선정한 10대 슈퍼푸드 중 하나인 블루베리를 이용하여 빚은 술, 물이 아닌 신선한 술을 사용하여 빚은 맑고 단맛이 강한 '청감주', 자작나무 수액을 양조용수로 하여 빚은 '자작(自酌)' 등에 대하여 술 빚는 방법을 추가 하였다. 또한 '소규모 주류제조 시행' 등 내용도 추가하였다.

병아리 시인으로 머리 올리고, 술과 관련된 시 12편을 시화집 형태의 부록으로 선보인다. 고된 생을 사시며 막걸리를 좋아하시던 아버지를 기리며 지은 '풍경'이란 시를 증보판 책머리에 조심스레 올린다.

낮달이 졸다 / 골목 앞에 놓인

콘크리트 쓰레기통 뒤지며 / 길을 찾고 있다

하루에도 몇 번 / 연탄지게 헉헉거리며 돌아 오르던
골목길 / 고양이 한 마리 / 담벼락 기대 졸고 있다

평상 위에 막걸리 통 하나 놓고 / 막다른 하루를 들이키는 아버지 등 뒤로 맞은편 아파트 그림자가 / 허리를 꺾고 평상 위로 올라서 / 오수를 즐긴다

아버지, 마지막 잠을 마시고

 술 빚는 사람만이 느낄 수 있는 세계를 표현하고 싶었지만 아직 미숙주처럼 어설프다. 앞으로 더 잘 익은 술에 관한 시를 쓰고 싶은 욕심만 가득하다.

 우리 전통주에 대하여 관심 있는 분들의 술빚기 기술의 향상과 전통주를 바로 알고 술을 즐겼으면 하는 생각은 여전히 유효하다. 아울러 술과 문학에 관한 이해에 조금이라도 도움이 되었으면 하는 바람이다.

2019. 한가위날 주천 류규형

술의 경계를 넘다

술은 마음을 담기 좋은 음식이다.

세상에 어떤 음식을 만들어 나만의 이름을 붙일 수 있을까? 술은 가능하다. 어디 마음뿐이랴, 빚는 사람의 성격까지 담긴다. 술은 참 신기하고 재미난 음식이다.

주천 선생이 막걸리학교를 찾아온 건 2010년의 일이었다. 5년이 흘렀고, 막걸리학교 수료생도 1천명이 넘어섰다. 그들 중에서 술을 가장 많이 빚어보고, 빚은 술로 동문들과 가장 빈번하게 교류한 이가 주천 선생이다. 오죽하면 주천, '술샘'이라는 호까지 얻었을까. 나도 그 샘가에 가서 술을 맛본 적이 있다. 그 자리에서 꼼꼼하게 기록한 술 노트를 보았다. 그때 술을 좀 마셔서 내 기억에 남아있지 않지만, '잘 기록하여 책으로 내도 좋겠습니다'라는 말을 했던가 보다. 그런데 그게 현실이 되었다.

이 책에는 술 빚기 경험을 통해서 터득한 다양한 지혜가 담겨있다. '하늘나라의 비밀스러운 방문이니 너무 헛되이 세상에 전하여 사나운 사람으로 하여금 배우게 말라'는 경고까지 담긴 백수환동주 비법도 있고, 쌀과 밀가루와 누룩과 물만으로 섞고 치대서 빚었는데도 솔향과 계피향이 난다는 송계춘도 있고, 매화와 진달래꽃과 복숭아꽃과 자두꽃과 감국을 넣어

추천의 글

빚어 스스로 '화우'라 이름붙인 창작 술도 있다.

사실 술을 배워도 이를 반복하여 빚기 쉽지 않고, 빚더라도 이를 꼼꼼하게 기록하기 쉽지 않고, 기록하더라도 이를 보여주기 쉽지 않는데 주천 선생은 이 모든 경계를 넘어섰다. 은퇴도 하고, 손주 보면서 하릴없이 세월을 타고 가도 되는데도, 주천 선생은 배움에 끝이 없다는 것을 이 책을 통해서 실천적으로 보여주고 있다.

술은 참 묘하다. 배울수록 술에 빠져들어 고집이 움튼다. 술 실력이 늘수록 고집이 세지고, 고집이 세지면 고립되기 다반사인데, 주천 선생은 그 함정에 빠지지 않았다. 오히려 벗들을 불러들이고, 불러주기를 바라는 벗들이 더 늘어났다. 친구를 가까이 두는 비방을 술로 얻었으니, 술로서 얻을 수 있는 지극한 즐거움을 얻었다.

이렇다보니 주천 선생의 술과 술 이야기가 어찌 향기롭지 않으랴? 독자들도 술샘 가에 와서 술 향기 즐기고, 삶을 새롭게 하는 지혜까지 얻게 되기를 바란다.

막걸리학교 교장 허시명

들어가는 말

술 빚기를 하지 않았다면 지금쯤 무슨 일을 하고 있을까?

25년 다닌 회사를 퇴직하고 술 빚기를 배우기 시작했다. 독학으로 배운 술 빚기는 많은 시행착오 속에서도 언제나 흥미로웠다. 쌀을 백세 한다고 숫자를 세어가며 33번을 씻고 헹구어 냈다. 쌀이 절반이나 싸라기가 되어 더 씻을 수가 없었다. 백세는 아니지만 삼분의 일은 했다고 자위한다.

항아리를 마른 쑥으로 연기소독 하다 화재경보가 작동하여 119까지 출동시켰다. 제대로 하였다고 한 고두밥이 술 거를 때 작은 쌀 알갱이가 나오기도 했다.

술 빚기를 거듭하며 지난날 잘못한 일들을 생각하면 웃음이 난다. 빠르게 술 빚기 속으로 빠져 들었다. 1년반의 술 빚기 교육과정 중 제일 마지막에야 배우는 동정춘을 첫 달에 빚었다. 독학과 배움이 연결되어 술 빚는 기술이 조금은 빨리 터득된 듯 하다.

고문헌을 뒤적이며 궁금한 술은 표적이 되었다. 이곳 저곳을 다니면서 눈에 뜨이는 재료도 모두가 술 빚기 대상이 되었다. 남원 실상사 입구에서 시골할머니가 팔던 자색양파며, 담양시장의 탐스런 죽순도 필자의 관심을 피해가지 못하였다. 그 중에 제일은 1년동안 수집한 128종의 꽃으로 빚은 백화주와, 백화주를 증류한 백화로(百花露)다.

주위에서 이것 저것 빚지 말고 자신만의 술을 빚으라고 걱정을 해 준다. 아직도 빚어보고 싶은 술이 많이 남아 있고, 새로운 술을 빚고 설레는 마음을 사람들은 모른다. 여러 가지 술을 빚은 것이 이 책을 쓰는데 많은 도움이 되었다. 술을 배우며 마음도 편해졌다. 인생 2막에 이렇게 무엇인가에 열중하며 살 수 있어 진정 행복하다.

그 동안 터득한 지식과 경험을 우리 술을 배우거나 관심 있는 분들과 나누고 싶다. 조바심 속에 급하게 선택한 방법이 책이다. 기존의 책들과 차별화된 내용을 담고 싶었다. 술 빚는 과정별로 세심한 부분까지 짚어 보았다. 욕심만 앞서 내용에 부족함이 없나 아쉬움이 남는다.

많은 분들이 우리 술에 대한 문화를 알고 전통주를 즐겼으면 하는 마음에, 술 빚는 사람들에겐 시행착오를 줄이는데 조금이라도 보탬이 되었으면 하는 마음에 이 책을 펴낸다.

우리 술에 처음 눈뜨게 해주시고 추천사로 마무리까지 해주신 막걸리학교 허시명 교장선생님, 술 빚는 깊이를 일깨워 주신 박록담 소장님, 경기대 수수보리아카데미에서 양조에 대해 이론적으로 정리를 해 주신 여러 박사님들, 글쓰기와 사진 기술을 가르쳐 주신 이민학, 유정렬 작가님께 진심으로 감사드리고 싶다.

이 책을 기꺼이 출판해 주신 '문학의 문학'과 예쁘게 단장해 주신 김수현님, 저를 아껴주시는 모든 분들께 진심으로 감사 드린다.

2015. 설날 아침 주천 류규형

차례

1장 전통주란 무엇인가

1. 전통주의 뿌리 가양주 · 20
2. 왜 집에서 술을 빚었나 · 21
3. 세시풍속과 전통주 · 22
4. 전통주는 왜 단절되었나 · 47
5. 전통주의 과제 · 49

2장 술 빚기 기초학습

1. 술 빚기 재료 및 도구 · 54
2. 단양주. 이양주. 삼양주 / 밑술. 덧술 이해하기 · 67
3. 술은 어떻게 만들어지나 · 69
4. 우리 술의 분류 · 76

3장 술의 씨앗 누룩

1. 누룩이란 무엇인가 · 84
2. 누룩의 분류 · 85
3. 누룩 만들기 · 87
   밀 누룩(조곡) / 백수환동곡 / 이화곡
4. 누룩의 법제 및 보관 · 94

4장 우리 술의 이해

1. 우리 술 알아보기 · 98
2. 우리 술 빚기 공정 · 103
3. 밑술 재료의 처리 · 110

5장 우리 술 빚기

1. 곡물을 이용한 술 빚기 · 114
동양주 / 동정춘 / 백수환동주 / 법주 / 부의주 / 삼해주 / 석탄주 / 소곡주 / 송계춘 / 수수 / 신도주 / 오메기술 / 이화주 / 집성향방 / 청명주 / 하향주 / 호산춘 / 홍국주

2. 가향재를 이용한 술 빚기 · 161
국화주 / 두견주 / 매화주 / 백화주 / 송순주 / 연엽주 / 창포주 / 화우 / 해향

3. 서류, 과일 등을 이용한 술 빚기 · 187
감자술 서주 / 감저주 / 고추술 맴맴 / 블루베리 술 / 배술 축배 / 복숭아술 도향 / 양파술 / 자두주 / 죽순주 죽향 / 포도주 / 호박술 황금

4. 술을 이용한 술 빚기 · 210
급시청주 / 사시통음주 / 삼일주 / 청감주

5. 과하주 및 기타 술 빚기 · 220
과하주 / 감주 와 식혜 / 모주 / 무술주 / 석임 / 음양곽주 / 자작

6. 증류용 술 빚기 및 증류하기 · 250
 - 증류용 술 빚기
   소주특방 / 안동소주 / 취소주법
 - 증류하기
 - 증류주의 숙성

차례

6장 주박(술지게미) 활용하기

1. 주박 장아찌 만들기 · 272
2. 주박 팩 만들기 · 277

7장 음주 바로 하기

1. 술의 긍정적인 면 · 282
2. 술의 부정적인 면 · 283
3. 음주 바로 하기 · 285

8장 고문헌 이해하기

고문헌 이해하기 · 296

부록

부록1. 술 빚기 용어 해설 · 308

부록2. 전통주 제조업체 · 316

부록3. 술집 탐방 · 328

부록4. 주천(酒泉) 작은 시화집 · 344

표지그림 해설 '벽향과 만향' · 374

1장
전통주란 무엇인가

1. 전통주의 뿌리 가양주
2. 왜 집에서 술을 빚었나
3. 세시풍속과 전통주
4. 전통주는 왜 단절되었나
5. 전통주의 과제

1장 전통주란 무엇인가

1. 전통주의 뿌리 가양주(家釀酒)

가양주란 집에서 빚은 술을 말한다. 우리민족은 옛날부터 집에서 술을 빚었다. 술은 제사의식이나 손님접대, 부모봉양, 농사일 등의 행사에 사용되었다.

유교문화에 바탕을 두었던 조선시대에 조상숭배는 더욱 중요시 되었다. 중앙의 교육기관이던 성균관이나 사부학당, 지방의 향교에는 교육공간으로 명륜당과 배향공간인 대성전이 있다. 제사의식과 명절 등의 세시풍속의 필요에 따라 가양주 문화는 더욱 정착되게 되었다.

집안마다 전해 내려 온 술 빚기 방법과 술을 빚는 환경도 모두 달랐다. 술 맛 또한 달라 다양한 술이 등장하였던 것이다.

우리의 다양한 가양주 문화는 일제 강점기시절 가양주 말살정책에 따라 '밀주'란 이름으로 지하로 숨어들게 되었고 해방 이후까지 이어져 왔다.

'86아시안게임'과 '88올림픽'을 계기로 세계 속의 우리 술을 알리자는 취지 하에 늦게나마 '전통주'란 이름이 생겨나게 되었다.

전통주란 옛날부터 전승되어 오는 고유의 방법을 이용하여 만든 술을 말한다.

구기주

〔 주세법에서 정의하는 전통주의 범주는 다음과 같다 〕

① '문화재보호법'에 따라 지정된 주류부문의 중요무형문화재 보유자가 제조한 술
② '식품산업진흥법'에 따라 지정된 주류부문의 식품명인이 제조한 술
③ '농어업. 농어촌 및 식품산업 기본법'에 따라 농어업경영체 및 생산자단체가 직접 생산하거나 제조장 관할 시. 군. 구 및 그 인접 시. 군. 구에서 생산한 농산물을 주원료로 제조한 주류 중 농림축산식품부 장관의 제조면허 추천을 받은 술(지역 특산주)

추성주

죽력고

2. 왜 집에서 술을 빚었나

제사의식에서 제일 중요한 음식이 술이다. 조상신이나 천지신명께 술을 올리는 것은 물론이고 철따라 반복되는 농사일이나 세시풍습에도 술의 역할은 크다.

　　찾아오는 과객이나 손님을 물리치지 못하는 우리의 옛 풍속에서 주주객반(主酒客飯 : 주인은 손님에게 술을 권하고, 손님은 주인에게 식사를 권하며 다정하게 식사를 하는 것)이란 말이 생겨났다.

　　가정에서는 식사 때 반주로 부모를 봉양하는 것이 최고의 효라고 생각하였다. 집집마다 술을 빚게 된 이유다.

3. 세시풍속과 전통주

　　세시풍속은 일 년을 주기로 절기에 따라 반복되는 고유한 풍속을 말한다. 농경문화를 반영하고 있는 세시풍속은, 태음력에 따라 1년의 24절기와 명절이 포함된다. 계절의 변화에 따라 생산되는 재료를 사용하여 시절음식을 만들었다. 술을 빚어 조상의 은혜에 보답하고 이웃과 정을 나누며 풍류를 즐겼다.

　　조선시대의 세시풍속에 대한 기록을 보면 정조 때 박지원의 제자인 류득공(柳得恭 : 1748~1807년)이 기록한 〈경도잡지〉, 1819년 순조 때 문신 김매순(金邁淳 : 1776~1840년)이 기록한〈열양세시기(洌陽歲時記)〉가 있다. 열양 즉 한양에서 일어나는 연중행사를 기록한 책이다.

　　이 책보다 30년 늦게 저술된 〈동국세시기(東國歲時記)〉는 현종 때 유학자인 홍석모(洪錫謨 : 1781~1850년)가 1849년경 저술한 책으로 정월부

터 섣달까지 일년 열두 달의 연중행사와 풍속을 자세하게 기록하고 있다

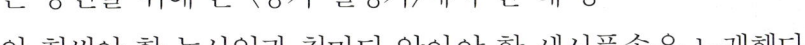

정약용 선생의 아들 정학유(1786~1855년)는 농민을 위해 쓴 〈농가 월령가〉에서 한 해 동안 힘써야 할 농사일과 철마다 알아야 할 세시풍속을 노래했다.

류만공(柳晩恭: 1793~1869년)은 시집 〈세시풍요(歲時風謠)〉에서 정월초하루부터 섣달그믐날까지의 세시풍속을 시로 읊었다.

정월 초하루 날의 세찬(歲饌)과 세주(歲酒)

정월 초하루 날 아침에 조상들께 차례를 지내고 떡국을 먹는다. 떡국은 설날의 가장 중요한 절식이다. 떡국을 먹는 풍속은 지금까지 이어지고 있다. 설날 떡국을 먹어야 나이를 먹는다고 생각한다. 그래서 나이를 물을 때 '떡국 몇 그릇 먹었느냐'고 말한다.

차례상에 올렸던 술을 마시는 것을 신이 내리는 복을 받는다는 의미에서 음복(飮福)이라고 한다. 이제는 아버지 차례상에 올린 술을 필자가 음복하고 있다.

차례를 마치고 친척어른이나 마을 어른들께 세배를 다니는데 세배 때 음식을 대접하는 것을 세찬(歲饌)이라고 한다. 어린 시절 친구들과 함께 이 집 저 집 돌아다니며 어른들께 세배를 하고 먹던 음식이 세찬이었던 것이다. 이제는 세배 풍속도 가족단위로만 이어지고 있다.

세찬에 함께 나오는 술을 세주(歲酒)라고 한다. 세주로는 초백주와 도소주. 청주 등을 마신다. 도소주를 마시면 괴질을 물리치고 사기를 없애 준다고 믿었다. 도소주는 차게 해서 마시는데, 나이 젊은 사람부터 마시고 나이 많은 사람은 나중에 마신다. 도소주를 마시는 풍속은 중국에서 전래되었으며 경도잡지에서는 설날에 마시는 술은 모두 도소주라 하였다.

- 초백주(椒柏酒) : 후추와 측백나무 잎을 넣어 빚은 술
- 도소주(屠蘇酒) : 산초, 방풍, 백출, 진피, 육계 등을 넣어 빚은 술

도소주

산초 : 천초라고도 하며 추어탕 등에 넣어 먹는 향신료
방풍 : 방풍나물의 뿌리로 풍증을 치료하는 약재
백출 : 삽주의 뿌리를 건조시킨 약재로 건위. 소화작용 및 이뇨 효과와 진정작용이 있다.
진피 : 말린 귤껍질로 감기예방 및 가래, 기침에 좋고 소화를 촉진한다.

설날이나 추석에 고향을 찾아 민족이 대이동한다. 새로 생긴 세시풍속의 하나다.

정월 초이레 인일(人日)

정월 초이렛날은 사람의 날이라 한다. 초하루를 닭(鷄)의 날, 이튿날을 개(拘)의 날, 사흗날을 돼지(豕)의 날, 나흘을 양(羊)의 날, 닷새를 소(牛)의 날, 엿새를 말(馬)의 날, 이레를 사람(人)의 날, 여드레를 곡식(穀)의 날이라고 한다.

인일 날 날이 맑으면 곡식의 생육(生育)에 좋고 흐리면 재앙(災殃)이 든다고 믿었다. 인일은 특히 사람을 소중하게 여기는 관습으로 전해왔다

조정에서는 인일제(人日製)라 하여 정월 인일 날 과거를 실시하여 선비를 뽑았으며, 3월 삼짇날, 7월 칠석날, 9월 9일에도 과거를 실시하였다. 이것을 절일제(節日製)라 한다.

〈세시풍요〉에서는 정월 초이레 인일 날 매화주와 잣잎술로 잔치를 한다고 했다.

매화주

잣잎술

> ### 세시풍요의 사람 날(人日*)
>
> 陽復寅生七日春(양복인생칠일춘) 양이 회복되고 인이 난 칠일 봄
> 梅花柏葉讌名辰(매화백엽연명진) 매화주와 잣잎술로 잔치하네
> 新年初政傳科令(신년초정전과령) 신년 첫 정사로 과거령을 내리니
> 此日此時宜得人(차일차시의득인) 이날 이때에 의당 사람을 얻는다.
>
> *지방마다 人日과 寅日의 음이 같아 같은 뜻으로 쓰기도 했다. 경기도에서는 호랑이의 정기를 받았다고 하여 첫 寅日을 '사람 날' 이라고도 하였다.

정월 상신일(上申日)

　상신일은 새해 들어 첫 번째로 맞는 원숭이날을 말한다.

　이날은 왕이 백성들에게 권농하기 위해서 붉은 빛의 교서를 내린다. 사직단에서는 왕이 풍년을 기원하는 기곡제(祈穀祭)를 지낸다. 왕이 친히 가지 못하면 대신(大臣)이 대행하여 행한다. 정조임금은 재위 24년동안 기곡제를 친히 행하였다고 한다.

사직단에 토지 신을 모시는 사단(社壇)은 동쪽에, 곡식의 신을 모시는 직단(稷壇)은 서쪽에 있다. 사직단에서는 기곡제 뿐만 아니라 기우제도 지냈다. 제례는 문묘와 종묘의 예에 따르고 2월과 8월 및 동지와 제석(除夕)에 행하였다.

기곡제(祈穀祭)

원구단에서 지낸 기곡제는 고려 성종 때부터다. 고려의 원구제는 대사로서 가장 중요한 국가제례 중 하나였다.

조선초기에는 기곡제가 폐지와 부활을 거듭하다가 숙종21년(1695년)에 부활되어 사직단에서 매년 거행하도록 하였다.

사직대제는 대한제국 순종 때 일제의 강압에 의하여 사라졌으나 1988년 복원되었다. 매년 9월 셋째주 일요일에 사직단에서 의식이 치러진다. 사직대제는 2000년 중요무형문화재 제111호로 지정되었다.

입춘(立春)

봄의 시작을 알리는 절기인 입춘(양력 2월 4일)이 되면, 대궐에서는 설날에 문신들이 지어 올린 신년축시 중에서 잘된 것을 선정하여 대궐의 기둥과 난간에 입춘첩을 써 붙인다.

민가에서는 한 해의 행운과 건강을 기원하며 대문이나 기둥에 봄을 송축하는 글귀를 붙인다. 이를 '입춘첩(立春帖)', 또는 '춘첩자(春帖子)', '입춘방(立春榜)'이라고 한다.

지금도 입춘첩은 자주 볼 수 있다. 많이 쓰이는 입춘첩 문구는 '입춘대길, 건양다경(立春大吉 建陽多慶 : 입춘을 맞이하여 크게 길하고 경사스러운 일이 많이 생기기를 기원함)'이다.

2014년 첫 봄의 시작인 입춘을 맞이하여 남산골 한옥마을에서 입춘맞이 한마당이 펼쳐졌다.
대동 굿, 입춘첩 써서 붙이기, 오신반 시식, 팽이치기, 투호놀이 등 다채로운 행사가 진행되었다.

정월 대보름

정월 대보름은 상원(上元)이라고도 한다. 여러 가지 세시풍속 중 많은 일들이 대보름날 일어난다.

'설은 나가서 쇠어도 보름은 집에서 쇠어야 한다'는 속담이 말해주듯 정월 보름날은 매우 큰 명절이다.

보름날 아침에는 밤이나 잣, 호도 등으로 부럼을 깨물었다. 부럼을 깨물면 치아를 단단하게 하고 종기나 부스럼이 나지 않고 이가 튼튼해져 음식을 잘 먹을 수 있다고 믿었다.

이른 아침에 청주 한 잔을 데우지 않고 마시면, 한 해 동안 귓병도 예방하고 귀가 밝아지며 좋은 소식만 듣는다고 한다. 이것을 이명주(耳明酒) 또는 귀밝이 술 이라고 한다.

해가 뜨기 전에 '더위팔기'를 한다. 상대방 사람의 이름을 부르고 대답을 하면 '내 더위 사라'라고 소리친다. 그러면 대답을 한 상대에게 더위를 팔게 된 것이므로 더위를 판 사람은 더위를 먹지 않는다고 한다. 절식으로 찹쌀, 콩, 팥, 수수, 조 등 다섯 가지 이상의 곡식을 섞어 지은 오곡밥과 약식을 만들어 이웃끼리 서로 나누었으며, 호박고지, 가지고지, 취나물, 고사

리, 아주까리잎 등 마른 나물을 삶아서 무친 진채식(珍菜食)을 먹었다. 진채식을 먹어야 더위를 먹지 않고 건강하게 농사일을 할 수 있다고 믿었다. 〈세시풍요〉에 보름날 진채와 먹는 술은 백엽주라고 한다. 정월 보름날 잣나무잎을 띄워 마시는 백엽주는 벽사의 의미이다.

백엽주

> **〈세시풍요〉에서 노래한 정월대보름의 풍속이다.**
>
>
>
> 파 싹은 푸르고 겨자는 노라니
> 여러 가지 봄나물을 진설하매 한 소반이 향기롭다
> 밥은 골동밥*을 이루어 쓴맛을 더하니
> 술을 드리매 의당 백엽주로 할 것이다.
>
> *골동밥: 여러 가지 진채를 넣어 비벼 만든 비빔밥을 말한다

    보름날 밤에는 다리밟기(踏橋)를 한다. 다리밟기를 하면 1년동안 다리에 병이 나지 않는다고 했다. 서울에서는 광통교와 수표교에서 가장 성했으며, 이 날 밤에는 나라에서도 짐짓 4대문을 닫지 않고 순라군도 잡지 않았다고 한다.

    한국의 100대 아름다운 길로 선정된 고창읍성은 돌을 머리에 이고 성밟기를 한다. 한 바퀴 돌면 다리 병이 낫고, 두 바퀴 돌면 무병장수하며,

2014년 정월대보름. 남산한옥마을에서 달집태우기 행사가 펼쳐졌다. 시민들이 소원지를 매달며 한 해의 소망을 기원하고 있다. 달집태우기는 풍년을 기원하는 소망이 담겨있으며, 사악한 기운과 부정을 살라 없애는 액막이 의식으로 대보름 세시풍속의 하나이다.

세 바퀴 돌면 극락 승천한다는 전설이 전해오고 있다. 특히 윤3월 엿새 날은 저승문이 열리는 날이므로 가장 효험이 있다고 한다.

　농촌에서는 대보름날에 횃대에 불을 붙여 동산에 올라가 달맞이(迎月)를 한다. 달을 보며 절하며 풍년을 기원하고 소원을 비는 것이다.

　달맞이가 끝나면 들판으로 나가 쥐를 쫓아낸다고 논두렁과 밭두렁에 불을 질러 마른 풀을 태웠다. 농작물을 해치는 쥐를 잡고 병충해를 예방하는 세시풍습이다.

　초등학교 시절까지 보름날 아침이면 밤으로 부럼을 깨물었다. 부스럼을 예방한다고 하는 부럼이지만 매년 여름이면 어김없이 콧등에 나는 뾰루지 때문에 늘 친구들의 놀림거리가 되곤 하였다.

　잠자리에서 눈을 비비며 어머니가 건네주시던 찬 귀밝이 술을 한 모금 마시고 해뜨기 전에 친구 집을 돌아다니며 더위를 팔러 다녔다.

　밥도 아홉 번 먹고 남자들은 나무를 아홉 번 해야 한다고 하여 지게를 메고 마을 뒷산을 몇 번씩 오르내렸다. 밤이 되면 뒷동산에 올라 길게 묶은 짚단에 불을 붙여 달을 보며 절하며 달맞이를 하였다.

달맞이가 끝나면 논과 밭둑에 불을 질렀다. 깡통에 구멍을 뚫어 줄을 매고 깡통 속에 불씨를 넣어 돌리며 쥐불놀이를 했다. 불놀이를 하다 바지가랑이를 태워 꾸중을 듣기도 하였다. 정월 대보름은 일년 중 아침부터 하루 종일 바쁘게 즐거웠던 날이다. 그 유년의 기억들이 먼 기억 속에 스멀거린다.

> **'개 보름 쇠듯 한다'**
>
> 정월 보름날은 개에게 밥을 주지 않는 옛풍속이 있다. 개에게 먹을 것을 주면 여름에 파리가 많이 꾀고 마른다는 속설이 있다. 그래서 명절 같은 날에 제대로 먹지도 못하고 지내는 것을 비유적으로 '개 보름 쇠듯 한다'고 한다.

이월 초하루 중화절(中和節)과 노비일(奴婢日)

중화(中和)란 중용(中庸)과 같은 말이다. 중용에 의하면 만물은 중화에서 자란다고 한다. 농사를 시작하는 날을 중화절이라 부르고, 2월 초하루를 중화절로 삼아 생업인 농업이 국가의 근본임을 알리는 날이다. 백관들이 농서(農書)를 올리게 하고 농사에 힘써야 할 근본을 나타나게 하였다. 임금은 신하들에게 중화척(中和尺)을 나누어 주었다. 이 행사는 정조 때부터 시작되었으며 백성들을 공평하게

다스려 하늘의 뜻에 어긋남이 없도록 하라는 의미를 담고 있다.

　민가에서는 이날을 노비일(奴婢日)이라고 해서 송편 등을 만들어 노비 나이 수대로 배불리 먹이는 풍습이 있다.

　농사일이 이때부터 시작되므로 농사를 관장하는 노비를 위로하고, 한 해 농사를 잘 짓기 위한 기원행사다. 머슴들은 이날 일을 쉬고 주인이 마련해준 음식과 술을 먹고 마시며 하루를 즐겼다.

　머슴날에 갓 20세가 된 청년들은 선배 농부들에게 술과 안주로 한턱 내며 성인식을 하여야 어른 몫의 맞품앗이꾼으로 인정받았다.

삼월 삼짇날

　삼월 삼짇날은 답청절(踏靑節) 이라고도 한다. 이날은 들판에 나가 꽃놀이를 하거나 경치구경을 하기 때문에 붙은 이름이다. 강남 갔던 제비도 돌아오고 벌 나비가 찾아오는 계절이다.

　진달래꽃을 따서 화전(花煎)을 만들어 먹는다. 음식과 좋은 술을 가지고 산과 들로 꽃구경을 나간다.

　〈경도잡지〉에 봄에 빚는 맛 좋은 술은 소국주(小麴酒), 도화주(桃花酒), 두견주(杜鵑酒)이다. 평양의 감홍로주(甘紅露酒), 황해도의 이강고(梨薑膏), 전라도의 죽력고(竹瀝膏)는 모두 좋은 술로 이름난 것들이라고 소개하고 있다.

- **한양에서 답청하기 좋은 곳**

  '한양5경'이라고도 한다.
  필운대(인왕산)의 살구꽃, 북둔*(北屯:성북동천)의 복사꽃, 동대문 밖의 버드나무, 천연정(서지)의 연꽃, 삼청동. 탕춘대의 수석 등 한양의 경치 좋은 곳에 삼짇날이나 중구(중양절)때 풍월을 읊으며 꽃과 단풍을 즐기기 위하여 사람들이 모여들었다.

  *북둔 : 성북동천에 도성 밖 북쪽을 지키는 군대가 주둔하고 있어 붙여진 이름이다.

류만공의 〈세시풍요〉에 삼짇날 화월음(花月飮)에 대하여 노래하고 있다.
'북촌(北村)의 복숭아꽃과 남촌(南村)의 버들이 한창인데 꽃이 피는 철을 맞아 술 마시는 사람도 분망하구나'

이강고

두견주

화우

3월 그믐 전춘(餞春)

　3월 그믐은 봄의 마지막 날이다. 이 날을 전후하여 시인 묵객들은 가는 봄을 아쉬워하며 술과 음식을 준비하여 경치 좋은 곳에서 시를 짓고 술을 마시며 하루를 즐기는데 이를 전춘이라고 한다.

　작자미상의 옛 시조 속에 묘사된 전춘의 모습이다.

　'엊그제 빚은 술을 통째로 메고 나서니
　집안 아이들이 허허 쳐 웃는구나
　강호에 봄 간다 하니 전송하려 하노라.'

청명주

청명(淸明). 한식(寒食)의 절사(節祀)

청명은 24절기의 하나로 춘분과 곡우 사이로 양력 4월 5.6일 경이다. 한식은 동지가 지난 뒤 105일이 되는 날로 4월 5일이나 6일쯤이다. 속담에 한식에 죽으나 청명에 죽으나 란 말이 생긴 이유이다. 농가에서 한식 때부터 봄갈이가 시작되어 농작물의 씨를 뿌린다.

한식날은 설날, 단오, 추석과 더불어 4대 명절로 조상의 묘에 술과 각종 음식을 차려 놓고 제사를 지낸다. 이것을 절사(節祀)라고 하며, 신라 때부터 이어진 풍습이다.

한식 날 전후로 사초하고 조상의 묘를 찾아 성묘하는 것은 지금까지도 이어지고 있다.

- **한식의 유래**

  고대 중국 진나라의 충신 개자추가 불에 타 죽은 것을 아파하고 불쌍하게 여겨서 그가 죽은 날 불을 때지 않고 찬 음식을 먹게 된 데서 유래되었다는 설이 있다.

사월 초파일

석가탄신일인 사월 팔 일에는 집집마다 연등을 한다. 장안 밖의 시골노

인들은 잠두봉(남산 서쪽에 있는 봉우리로 누에 머리를 닮았다고 잠두봉이라 부른다)에 올라가 이 광경을 구경한다.

느티나무는 석남(石楠)이라고도 하는데 연한 싹을 따다가 멥쌀가루에 섞어 느티떡을 만들어 먹는다. 남병(楠餠), 석남엽병(石楠葉餠)이라고도 하는데 맛과 향이 일품이라고 한다.

〈경도잡지〉에서 초파일 날 '손님을 맞이하여 느티떡과 볶은 콩, 삶은 미나리나물을 차려놓는데 이것을 부처님 소반(蔬飯)이라고 한다'고 기록하고 있다.

오월 단오(端午)

5월5일은 일 년 중 양기가 가장 왕성한 날로 천중절(天中節) 또는 수릿날(戌衣日)이라 부른다. 수리란 우리말로 수레를 말하는데 이는 쑥을 넣어 만드는 수리취 절편을 수레바퀴 모양으로 만드는 데서 기인한다.

단오의 단(端)은 처음이란 뜻이고, 오(午)자는 오(五)와 통용되므로, 단오라는 말은 초 오일이 된다. 단오는 설날, 추석과 함께 3대명절 중 하나다. 단옷날 쑥떡, 밀전병 같은 명절 음식을 준비하여 농사의 풍작을 기원하는 제사를 지낸다.

삼국시대에는 시조신(始祖神)께 제사를 지내기도 하였고 후에 이르러도 지역공동체 단위의 단오제가 베풀어졌다. 강릉 단오제는 씨 뿌리기를 마치고 강릉의 수호신에게 한 해의 풍농과 풍어 지역민의 안녕을 바라며 신께 제사 지내는 의식이다. 국가 중요무형문화재 13호로 2005년에는 유네스코 인류구전 및 세계 무형 문화유산으로 등재되었다.

• 강릉 단오제 신주(神酒)빚기

사진 : 우리 술 연구가 이승훈

신주용 봉정미

신주용 누룩

항아리 소독

무녀와 제관

술빚기 준비

무녀의 부정굿

술덧 담기

술독 마무리

신주빚기 종료

신주(神酒)빚기는 강릉 단오제의 시작을 알리는 행사로 음력 4월5일 열린다. 강릉 옛 관아였던 칠사당에서 정성스레 술을 빚는다. 신주는 단오제의 산신제와 대관령국사성황당 제례에 쓰이는 술이다.

창포주

단옷날 공조(工曹)에서는 단오부채를 만들어 진상하고 임금은 신하들에게 부채를 나누어 준다. 이것을 단오선(端午扇)이라 한다. 부채는 전주와 나주의 남평에서 만든 것을 으뜸으로 꼽았다.

절식으로 수리취 절편, 제호탕을 만들어 먹었다. 제호탕은 오매육, 초과, 백단향, 축사 등을 곱게 빻아 꿀과 함께 고아서 물에 타 마시는 청량음료이다.

머리를 딴 처녀, 총각들은 창포 삶은 물로 머리를 감는다.

석창포로 빚은 창포주는 단오절 날 마시는 절기주이다. 창포주는 식욕증진이나 피로회복, 강정에 효과가 있다고 알려져 있다.

젊은이들은 남산의 왜성대(倭城臺 : 중구 예장동. 회현동 1가 지역으로 임진왜란 때 왜군들이 주둔한 데서 지명이 유래됨)나 북악산의 신무문 뒤에 모여서 씨름을 하여 승부를 겨루고, 여자들은 그네뛰기를 한다.

- **태종우(太宗雨)의 유래**

  오월 초열흘은 조선 태종의 제삿날이다. 매년 이날은 비가 오는데 이 비를 태종우라 한다. 태종이 승하할 때 "가뭄이 매우 심하니 내가 죽어 앎이 있다면 이날 반드시 비가 오게 하겠다"는 유언에 따라 이날이 되면 어김없이 비가 온다는 속설이 전해지고 있다.

유월 유두일(流頭日)

유월 보름날을 유두라 한다. 유두는 고구려, 신라 때부터 전해오는 풍속으로 동쪽으로 흐르는 물에 머리를 감아 불길한 것을 씻어버린다.

유둣날 아침에 참외, 수박 등 햇과일과 밀국수와 떡을 곁들여 조상께 제사를 드리는데 이를 유두천신(流頭薦神)이라고 한다.

액막이로 술과 안주를 장만하여 산속이나 물가의 좋은 경치를 찾아 풍월을 읊으며 술을 마시고 하루를 즐긴다. 이를 유두음(流頭飮) 또는 유두연(流頭宴)이라 한다.

멥쌀가루나 찹쌀가루를 쪄서 둥글게 빚은 다음 꿀물에 넣고 얼음을 띄운 수단이나 수단처럼 만들어 떡을 물에 띄우지 않는 건단 등이 유두일의 절식이다.

〈동국세시기〉에는 유두곡(流頭麴)이라 하여 6월에는 술보다 누룩을 빚기 좋은 달이므로 유두일은 누룩을 만드는 일이 중요하다고 했다.

〈농가월령가〉 6월령에는 유두에 대하여 이렇게 노래하고 있다.

'삼복은 속절(俗節)이요 유두는 좋은 날이라
원두막에 참외 따고 밀 갈아 국수하여
사당에 올린 다음 모두 모여 즐겨 보세
아녀자 헤프지 마라 밀기울 한데 모아
누룩을 만들어라 유두누룩 치느니라'

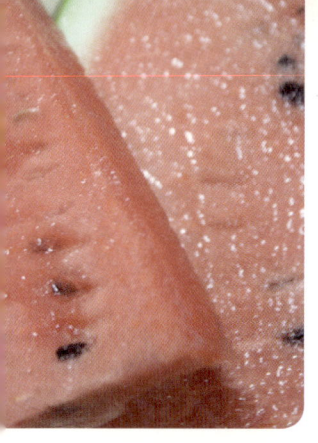

삼복(三伏)

음력 6월에서 7월 사이의 절기로 초복, 중복, 말복을 삼복이라고 한다. 일년 중 가장 더운 시기로 더위를 피하기 위하여 부녀자와 아이들은 여름과일을 즐긴다.

남자들은 술과 음식을 준비하여 산이나 물가에서 탁족을 하며 복놀이를 즐긴다.

이를 복대림 또는 복다림 이라고 한다.

시절음식으로 개를 잡아 통째로 삶아 파를 넣고 푹 끓인 개장(狗醬)을 먹는다. 복날 개장을 먹고 땀을 흘리며 더위를 잊게 하고, 질병을 쫓을 수 있으며 보신이 된다고 했다. 장어국, 육개장국, 삼계탕, 임자수탕, 민어탕 등도 삼복의 절식이다.

칠월 칠석(七夕)

7월7일은 칠석이라 하여 견우와 직녀가 만나는 날이다. 칠석날 시인 묵객들은 산이나 물가 등에서 더위를 피하여 마음껏 마시고 취하는데 이를 '칠석놀이' 또는 '칠석음(七夕飮)'이라고 한다.

서당에서는 학동들에게 견우와 직녀를 시제로 하여 시를 짓게 하고, 민가에서 책과 옷을 꺼내어 햇볕에 말리고 거풍을 한다. 절식으로 밀전병이나 밀국수를 만들어 먹었다.

칠월 백종일(百種日)

　칠월 보름날은 중원(中元) 또는 백중, 백종이라고 한다. 이날은 조상의 사당에 천신을 드리고 음식을 장만하여 산에 올라가서 노래하고 춤추며 흥겹게 노는 날이다.

　농촌지역에서 칠월 칠석부터 백종 사이에 마지막 논매기를 마친 후 일꾼들이 날을 잡아, 먹고 마시는 풍속이 있는데 이를 '호미 씻기' 또는 '호미 걸이'라고 하였다. 이는 농사일이 거의 끝나 호미도 필요 없게 되었으므로 흙 묻은 호미를 씻어 둔다는 뜻이다.

　신라와 고려 때 불교가 성하면서 우란분재(盂蘭盆齋 : 조상의 초혼을 공양하는 것)와 같은 불교의 유풍이 뒤섞이게 되었다. 따라서 망혼일(亡魂日)이라고도 하여 민가에서는 이날 밤 달이 뜨면 채소, 과일, 술, 밥 등을 차려놓고 망친(亡親)의 혼을 불러들여 제사를 지낸다.

　칠월 중원 일에 백 가지의 꽃과 과일을 부처님께 공양하며 복을 빌었으므로 여기에서부터 백종이라는 말이 생겼다는 설이 있다. 이 날은 승가에서 재를 올려 부처에게 공양을 드리는 큰 명절이다.

　각종 과일과 튀각, 부각 등과 같은 사찰음식이 백종일의 절식이다.

　어린 시절 어머니는 유일하게 백종날 용돈을 주셨다. 백종날에는 안성 오일장에 나가 장터구경도 하며 주전부리를 하는 날이다.

신도주

팔월 추석(秋夕)

팔월 15일은 신라 때부터 전해진 풍속으로 추석 또는 가배(嘉俳)라고 한다. 1년 중 가장 큰 명절로 햇곡식으로 만든 술과 음식으로 조상께 제사를 지내고 선조의 산소에 성묘를 한다. 성묘가 끝나면 제사음식과 막걸리 등으로 이웃끼리 어울려 배불리 먹고 흥겹게 논다. 그래서 말하기를 '더도 말고 덜도 말고 늘 한가위 같기만 하라'고 한다.

술집에서도 햅쌀로 술을 빚는다. 이것이 신도주(新稻酒)다. 시절음식으로는 햅쌀로 만든 송편, 무나 호박을 넣어서 만든 시루떡, 토란국 등이다.

〈농가월령가〉에서 노래하고 있는 추석이다.

'북어쾌 젓조기 사다 추석명절 쇠어보세.
햅쌀로 만든 술과 송편 박나물 토란국을
선산에 성묘하고 이웃집과 나눠먹세.'

구월 중구(重九)

하늘 높고 푸른 9월9일은 중양절로 국화향기 그윽한 계절이다. 양수 중에서 가장 큰 수인 9가 겹친다고 하여 중양절이라 부른다. 중양절은 중구(重九) 또는 중광(重光)이라고도 한다.

임금을 상징하는 9자가 겹치는 날로 양기가 세서 경사스러운 날로 여겼다. 중국에서는 상국일(賞菊日)이라고 해 추석보다 더 큰 명절로 여긴다.

불교에서는 죽은 이의 영혼을 극락으로 보내는 천도제(薦度齊)를 봉행한다. 유교에서도 천도제를 지내는데 무속의 '망자 굿'이 있다.

추석 때 햇곡식으로 차례를 지내지 못한 집에서는 중구에 차례를 다시 지내기도 한다. 산간 지역에서는 마을제사를 지냈다.

민가에서는 국화꽃을 따서 국화전을 만들어 먹는다. 꿀물에 배, 유자, 석류, 잣 등을 넣은 화채(花菜)를 시절음식으로 먹는다. 이날 '높은데 올라가 국화주를 마시면 재난을 면할 수 있다'고 한다. 서울 사람들은 떼를 지어 남산과 북악산에 가서 마음껏 먹고 마시며 단풍놀이를 즐긴다.

중양절의 절기주는 국화주다. 〈규합총서〉에서 여러 가지 꽃을 넣어 빚는 백화주(百花酒)는 중양절에 빚는다고 하였다. 이날은 양의 수가 겹쳤기 때문에 일 년 중 양의 기운이 가장 왕성한 날로 술에 양의 기운이 더해 사악한 음의 기운을 물리칠 수 있다고 믿었다. 중구에 빚은 백화주는 원기를 보하는데 효능이 뛰어난 것으로 알려져 있다.

128가지의 꽃

백화주

필자는 1년동안 모아 놓은 꽃으로 백화주를 여덟 번이나 빚었는데 한번도 중구날 빚어보지 못하다가 아홉 번째 백화주를 중구 날 빚었다.

시월 상달

10월은 열두 달 중 첫째가는 달이라고 하여 상달이라고 한다. 10월이면 농사일이 끝나 천지신명께 제천의식을 거행한다.

고구려의 동맹(同盟), 동예의 무천(舞天), 마한의 제천(祭天)의식이 10월에 있었으며, 고려의 팔관회(八關會)도 10월이다. 조선시대에는 종묘에서 맹동제(孟冬祭 : 음력 10월에 지내는 종묘제)를 지냈다.

민가에서는 상달에 5대조 이상의 조상께 산소에서 묘제를 지내는데 이를 시제(時祭), 시향(時享), 시사(時祀)라고 한다.

2014 종묘대제는 빗속에서도 많은 시민들이 참여한 가운데 열렸다.
종묘에서 역대임금에게 제사를 지내는 의식으로 나라의 으뜸가는 행사이다. 조선시대에는 춘하추동의 첫 달과 12월 섣달에 대제를 올렸다. 일제강점기에 중단 되었다가 1969년 복원되어 매년 5월 첫 일요일에 열린다.
제례에 사용되는 술은 울창(鬱鬯), 예제(醴齊), 앙제(盎齊), 청주(淸酒)다. 첫 번째 의식인 강신(降神)에 사용되는 제주는 울창주다. 검은 기장으로 빚은 창주에다 울금초를 섞어서 제조한 술인데 복원되지 못하고 가야곡 왕주로 대신하고 있다.
초헌례에는 단술인 예제가 올려지고, 아헌례에는 막 거른 탁주 형태인 앙제가, 종헌례에는 청주가 올려진다.
종묘대제는 1975년 5월 중요무형문화재 제56호로 지정되었으며, 종묘는 1995년에 유네스코 세계문화유산으로 등재되었다. 2001년에는 종묘제례가 유네스코 "인류구전 및 무형유산 걸작"으로 선정되었다.

동지 아세(亞歲)

동지를 다음해가 되는 날 이란 뜻에서 아세(亞歲) 또는 작은설이라 부른다.

동지는 일년 중 낮이 가장 짧고 밤이 가장 길어 음이 극에 이른다. 이날이 지나면 낮이 다시 길어지기 시작하여 양의 기운이 새해의 시작을 알리는 절기이다.

중국의 주(周)나라에서는 11월을 정월로 삼고 동지를 설로 삼았다. 이러한 중국의 책력과 풍속이 전래된 것이다.

궁중에서는 원단(元旦)과 동지를 가장 으뜸되는 축일로 생각하여 동짓날 군신(君臣)과 왕세자(王世子)가 모여 잔치를 하는 회례연(會禮宴)을 베풀었다. 해마다 중국에 예물을 갖추어 동지사(冬至使)를 파견하여 이날을 축하하였고, 지방의 관원들은 임금에게 전문(箋文)을 올려 진하(陳賀)하였다.

서울의 풍속으로 단옷날 부채는 관원이 아전에게 나누어주고, 동짓날의 달력은 아전이 관원에게 바친다. 이것을 하선동력(夏扇冬曆)이라 한다.

지방에서 지역 특산물인 청어, 전복, 대구, 귤, 유자 등을 진상하면 조정에서 종묘에 천신하고 남은 것은 신하들에게 나누어 준다.

찹쌀가루로 새알심을 빚어 넣어 끓인 팥죽은 동짓날의 시절음식이다. 팥죽을 사당에 올려 동지고사를 지내고, 방이나 장독, 헛간 등 집안 곳곳에 놓아 둔다. 사당에 올리는 것은 천신의 뜻이고, 집안 곳곳에 놓는 것은 축귀의 뜻으로 집안의 악귀를 쫓아낸다고 믿었다. 붉은팥이 양색(陽色)으로 음귀를 쫓는 데 효과가 있다고 믿은 것이다. 붉은 팥은 옛날부터 벽사의 힘이 있는 것으로 믿어 모든 잡귀를 쫓는데 사용되었다.

섣달 납일(臘日)

동지 후 세 번째 미일(未日)을 납일로 정하여 종묘와 사직단에 큰 제사를 지낸다. 납일에 농사와 관련된 여러 신에게 올리는 제사를 납향(臘享)이라고 한다. 이 때 제물로 멧돼지와 산토끼를 사용하였다.

조신 중에 이품 이상의 벼슬아치는 대궐에 들어가 묵은해의 문안을 올린다. 사대부가에서는 사당에 참례한다.

사진 : 사직대제 보존회

사직대제는 토지를 관장하는 신과 곡식을 주관하는 신에게 제사를 올리는 국가 제례의식이다. 한 해 농사의 풍년과 국가의 안녕을 기원하는 국가 제례의식이다. 1908년 일제의 강압에 의해 폐해졌다가, 1988년부터 복원되어 봉행하고 있다.
제주로는 초헌례에 예제, 아헌례에 앙제, 종헌례에 청주가 올려진다. 사직대제는 혼백이 존재하지 않는 지신(地神)과 곡식의 신에게 지내는 제례로 강신(降神) 의식은 하지 않는다.

민가에서는 친척집을 찾아 다니며 구 세배를 하고 집안 구석구석에 등불을 밝혀 놓는다. 그리고 밤새도록 자지 않는다. 이를 수세(守歲)라 한다. 이는 곧 경신일(庚申日)에는 자지 않고 밤을 지켜야 복을 얻는다는 도교에서 나온 유속이다.

또한 한 해를 정리하고 새해를 설계하는 송구영신(送舊迎新) 풍속의 하나이다.

경기도와 충청도 지역에서는 정월 열 나흘 날 밤에 수세를 한다. 중학교 시절까지 이날은 잠을 자지 않고 잠자는 친구 집을 찾아 다니며 조청에 밀가루 섞은 것을 눈썹에 발라주었다. 다음날 눈썹에 묻은 조청을 떼어내는 소감을 물으며 놀려대곤 하였다.

4. 전통주는 왜 단절되었나

1909년 일제의 주세법 시행으로 양조면허를 얻은 사람만 술을 제조하도록 제한하였다. 1934년에는 자가양조를 전면 금지시켰다. 양조업자들에게 세금을 수탈하였고 집집마다 전해 내려온 가양주는 '밀주'로 전락하였다. 밀주로 전락한 가양주는 세무당국의 단속을 피해가며 겨우 명맥을 유지하였다.

술과 음식을 제공하고 때로는 숙박까지 제공하던 주막은 고려 성종 때

개성에 두었다고 한다. 1916년경 조선주를 만드는 12만여개의 양조장이 대부분 주막형태로 운영되었다. 이러한 우리의 주막문화는 1916년 음식점과 양조업의 겸업을 금지하는 주세령의 시행으로 침체를 겪게 되었다. 마지막까지 남아있던 삼강주막도 이제 역사 속으로 사라져갔다.

   어린 시절 아버지는 외상 술 심부름을 시키며 그어놓으라고 하셨다. 그 뜻을 몰랐는데 삼강주막 부엌 벽에 그어 놓고 지웠던 외상장부가 새롭게 와 닿는다.

예천의 내성천과 금천, 낙동강이 만나 삼강(三江)이라 한다. 영남에서 한양을 가는 길목인 삼강나루터에 있는 삼강주막. 마지막까지 남아있던 주막은 부엌에 채 정리되지 않은 외상장부만 남겨놓았다. 이제는 500년 넘은 회화나무가 역사를 대변하고, 역사의 한 단면을 보여주는 관광주막으로 탈바꿈하였다.

주세법은 해방 후에도 정권유지 수단으로 이어지게 되었다. 1965년에는 식량난으로 양곡관리법이 시행되어 쌀을 이용한 술의 제조가 금지되고, 양곡을 이용한 증류식 소주의 제조가 전면 금지되었다.

'86아시안게임과 '88서울올림픽을 계기로 전통주의 복원 및 발굴이 시작되었다.

5. 전통주의 과제

1934년 일제에 의해 금지된 자가양조는 해방이 되고 50년만인 1995년 족쇄가 풀렸다. 가양주의 몰락을 일본 탓만 할 수도 없다. 늦었지만 누구든지 가양주를 빚을 수 있는 여건은 조성되었다. 막걸리가 웰빙 음식이라는 인식으로 한동안 붐을 이루기도 하였으나 지금은 어려움에 처해 있다. 수입쌀이나 오래된 재고미 등을 사용하여, 막걸리는 값싼 술이라는 이미지를 스스로 고착시키고 있다. 입국 등을 사용하여 단순해진 맛은 감미료 등 조미를 하여 맛을 낸다. 전국의 막걸리는 제조회사만 다른 같은 술이 되어 다양성을 잃어가고 있다.

늦었지만 2016년 2월부터 '소규모 주류 제조 면허'의 시행으로 '소규모 주류 제조자'가 제조한 탁주, 약주, 청주, 맥주에 대해 1) 병입한 주류를 제조장에서 최종 소비자에게 판매하는 방법. 2) 영업장 안에서 마시는 고객에게 판매하는 방법. 3) 식품접객업 영업허가를 받거나 신고를 한 자의 영업장에 판매하는 방법. 4)주류 소매업의 면허를 받은 자에게 판매하는 방법 등으로 판로가 열렸다. 2019년 2월 법 개정으로 2020년에는 과실주까지 확대된다. 자가양조 허가 이후 20년 넘어 이루어진 사건이다. 말로는 규제를 혁신적으로 풀라고 하면서 이번에도 증류주는 제외되어 아쉽다.

* 소규모 주류 제조 시설기준(탁주, 약주, 청주, 과실주)

시설구분	시설기준
1) 담금. 제성. 저장용기 : 담금(발효)조. 제성 총용량	1KL 이상 5KL 미만
2) 시험시설 　가) 간이증류기 　나) 주정계	1대 0.2도 눈금 0~30도 1조

술은 만드는 것이 아니라 빚는다고 한다. 그만큼 정성이 들어가기 때문이다. 술 빚기에서 사람이 할 수 있는 일은 효모가 활동할 수 있는 최적의 여건을 만들어 주는 일 뿐이다. 좋은 재료를 사용하고, 양조도구를 소독하고, 전분질 재료의 호화도를 높여주고, 발효관리 해주는 등의 역할이 전부이다.

이제부터 공은 소규모 주류 제조자들에게로 넘어갔다. 집집마다 빚어오던 가양주 문화를 계승 발전시키고, 가족이 먹는 최고의 음식을 만든다는 마음을 담아 양조업자 모두가 노력하면 전통주의 화려한 부활도 머지않을 것이라 믿는다.

2013.11월 술을 함께 배운 동기생들과 북촌 한옥마을 '북촌유정'에서 우리 술 전시회를 가졌다.
1박2일 일정으로 안주와 술을 제공한 대한민국 최초의 시음행사였다.
초대손님으로 오신 분들께서 너무 좋아하셨다. 공간적 시간적 제약으로 더 많은 분들을 초대하지 못하여 아쉬웠다.

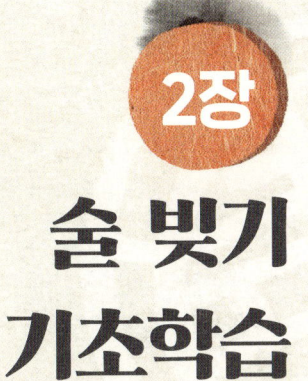

2장
술 빚기 기초학습

1. 술 빚기 재료 및 도구
2. 단양주. 이양주. 삼양주 / 밑술. 덧술 이해하기
3. 술은 어떻게 만들어지나
4. 우리 술의 분류

2장 술 빚기 기초학습

1. 술 빚기 재료 및 계량단위, 사전준비, 술 빚기 도구

[술빚기 재료]

• 양조용수

'술맛은 물맛'이라는 말이 있다. 술 빚기에서 물의 선택은 가장 중요하다.

〈규합총서〉에 의하면 "무릇 술을 빚음에 물을 가려야 하니 물맛이 사나우면 술이 또한 아름답지 않은 법이다. (중략) 가을에 이슬이 많이 내릴 때에 그릇을 놓아 받아 술을 빚으면 이름이 추로백(秋露白)이니 특히 향기롭고 콕 쏘는 맛이 있다."고 물의 선택이 중요함을 일깨우고 있다.

수돗물을 제외한 생수, 약수 등은 6개월마다 수질검사를 하고 수질검사 성적서를 보관해야 한다. 이에 따른 절차와 비용이 수반되므로 일반적으로 수돗물을 많이 사용하고 있다.

양조용수의 조건 중 가장 중요한 것은 '먹는 물 수질기준'에 적합해야

한다는 것이다. 무색, 무취이고, 칼슘이나 마그네슘은 30~100mg/L 이하, 특히 제품색상에 영향을 미치는 철분은 0.05ppm이하이어야 한다.

모든 양조용수는, 미생물이나 잡균 등에 의한 산패와 이상발효를 방지하고 발효에 불필요한 각종 미네랄을 파괴시키기 위해 끓여서 사용하면 연수가 되어 술맛을 부드럽게 해 준다.

• 전분질 재료 (쌀)

전분질 재료는 쌀, 보리, 옥수수, 감자, 고구마, 타피오카 등이다. 주재료로 가장 많이 쓰이는 쌀은 심백(쌀의 중심부에 희고 불투명한 부분)이 많고 도정율이 높은 것이 좋다

심백이 많은 쌀은 전분질이 조밀하게 채워지지 않아 흡수성이 양호하고 효소성분인 곰팡이 균사의 파정(破情: 곰팡이 균사가 쌀의 표층과 내부로 신장하여 가는 것)이 용이하다.

도정은 쌀의 성분 중에서 발효에 좋지 않은 영향을 미치는 단백질이나 지방성분을 제거하기 위한 목적이다. 우리나라에서는 양조용 쌀이 많이 개발되지 않아 일반적으로 10분도 쌀을 사용한다.

• 전분의 호화

전분은 여러 개의 포도당으로 이루어진 다당류이다. 알코올발효에서 효모가 이용하는 것은 단당류인 포도당 등이다. 호화란 포도당 분자간 결합이 끊어지면서 전분조직이 깨지는 것을 말한다.

전분의 호화는 수분흡수 ⇨ 전분조직의 팽윤 ⇨ 미셀((micelle)의 붕괴로 진행된다.

쌀을 물에 침지하면 전분조직에 25~30%의 물이 침투하게 된다. 고두밥과정에서 열에 의하여 전분조직이 팽창하게 되어, 전분입자의 결합이 붕괴되어 투명하고 점도가 증가한다. 이것을 호화라고 한다.

전분호화에 영향을 주는 요인으로 가열하는 온도가 높을수록, 전분입자가 작을수록, 수분의 양이 많을수록, 쌀의 도정율이 높을수록, 물의 ph가 높을수록 잘 일어난다. 밑술과정에서 쌀을 이용하지 않고 쌀가루를 이용하여 가공하는 것은 호화도를 높이는 방법의 하나이다.

침지 후 물 빼기 시간을 너무 오래하면 흡수된 수분이 많이 빠져나가 고두밥이 잘 익지 않는 등 호화에 영향을 미칠 수 있다.

• 전분의 노화

호화된 전분이 시간이 경과되면서 물에 불용성인 상태로 변하게 되는 것을 노화라고 한다. 즉 알파전분이 굳어져서 베타전분으로 되돌아가는 현상이다. 밥이나 떡, 빵이 굳어지는 것이 전분의 노화현상 때문이다.

아밀로즈 성분이 많은 멥쌀이 노화가 빨리 진행되며 수분함량이

30~60%에서 빠르게 진행된다.

고두밥을 빠른 시간에 차게 식혀야 하는 이유다.

• 발효제

발효제는 전통누룩, 쌀이나 밀가루 등에 특정 곰팡이류를 접종한 입국, 조효소제가 있으며 효소를 농축하여 만든 정제효소 등이 있다.

일반적으로 전통방법의 술을 빚을 때에는 누룩을 사용한다. 누룩 속에는 여러 종류의 미생물이 존재하며 일부 발효에 유해한 균도 있으므로 품질의 균일화가 어려운 문제점이 있다. 안정적인 발효를 위하여 입국을 사용하고 별도의 효모나 개량누룩 등을 사용하기도 한다.

발효제의 사용은 당화력을 고려하여 사용량을 결정하여야 하며, 전통누룩의 경우에는 법제하여 사용하는 것이 좋다.

• 당화력

당화력(saccharogenic power, sp)이란 전분 1g에 효소 1g이 작용하여 포도당으로 변화시킬 수 있는 능력을 말한다. 보통 쌀 1kg 기준 발효제의 당화력이 27,000 sp이면 된다.

• 발효제별 당화력

	전통누룩	개량누룩	조효소제	정제효소제	입국
당화력(sp)	300이상	2,000이상	600이상	15,000이상	60이상
사용비율*	9%이하	1.4%이하	4.5%이하	0.27%이하	45%이하

* 사용비율은 양조에 사용하는 총 전분질 기준임

• 쌀 1kg 양조시 발효제 사용량은?
·전통누룩: 27,000sp / 300sp = 90g ·입국: 27,000sp / 60sp = 450g

　누룩은 밀이나 쌀, 보리 등을 빻아 반죽, 성형하여 공기중의 미생물을 자연번식 시킨 것으로 곰팡이(효소), 효모, 젖산균 등 많은 미생물이 존재한다.

　누룩으로 빚은 술은 향미가 풍부하고 다양한 술맛을 낸다. 이에 비하여 입국 등으로 빚은 술은 깔끔한 맛을 내지만 맛이 단순하다.

[양조시 계량단위]

　술을 빚을 때 계량단위의 적용은 쉽지 않은 과제다. 법정계량단위에서 질량은 kg, 부피는 L로 표기하고 있다. 그러나 지금까지도 말(斗), 되(升), 홉(合) 등 비 법정계량단위도 사용되고 있다.

　〈세종실록〉에 기록된 1되의 용적은 572.62ml이다. 일제강점기이던 1909년 도량형 개정으로 1되의 용적은 1.8L로 바뀌었다. 1924년 편찬된 〈조선무쌍신식요리제법〉은 3.1배로 변경된 계량단위에 의한 술 빚기 방법을 제시하고 있다. 이 경우 술 빚기 재료가 동일하게 증가되어 큰 문제는 없어 보인다.

　그러나 부피를 기준으로 한 고문헌 술 빚기를 현재의 법정계량단위로 질량과 부피로 적용하면 많은 문제(도표 급수비율 비교 참조)가 발생된다.

또한 조선시대에 용적기준이 있다 하더라도 동이, 병, 발, 복자(대야), 사발 등이 사용되고, 술 빚기에 사용되는 물의 양이 누락 된 경우도 있어 계량단위는 더욱 혼란스럽다.
　술 빚기에서 계량단위는 부피단위로 적용하는 것이 맞는 방법일 수 있다. 그러나 쌀이나 누룩을 부피로 계량하는 것은 여러 면에서 불편하다. 되나 말을 이용한 계량시 되는 기준(위를 평면으로 해도 알곡이 큰 곡식이나 조곡의 경우 채워지지 않음)이 애매하다. 또 많은 쌀을 이용하여 술을 빚는 양조장의 경우 어떤 용기를 사용하여 부피로 계량을 할 것인가?
　실제 1되의 무게는 재료의 상태(수분, 가공형태 등)에 달라진다.

• 소두 1되*의 무게

멥쌀	찹쌀	누룩(조곡)	물
820g	810g	480g	980g

* 필자가 되로 재료를 계량하여 무게와 부피를 측정하였다. 무게는 재료별로 상이하였으나 1되의 부피는 대략 1L 수준이다.

또 국제적으로도 통일된 계량단위가 요구된다.

필자의 견해는 무게는 kg으로, 부피는 L로 계량하는 것이 편리하다고 생각한다. 무게를 부피로 환산하여(쌀 1되를 1L로 환산) 또 한가지 기준을 만들어 사용할 필요성도 적어 보인다. 단지 술독을 준비할 때만 부피환산을 하면 된다.

쌀 1kg, 물 1L 사용시 1:1로 계산하여 급수율 100%로 하는 것이 간편한데도, 쌀을 125% 부피로 환산하여 쌀 1.25L, 물 1L로 급수율 80%라고 하는 것이 효과적인지 모를 일이다.

- 법정계량단위

구분	길이	넓이	부피	무게
법정계량단위	m	m^2	L	kg
비 법정계량단위	자, 마, 리	평, 마지기	말, 되, 홉	근, 관

법정계량단위의 사용은 국내적으로는 소비자보호와 공정한 거래질서 확립을, 국제적으로는 통일된 단위 사용과 계량환산에 따른 불편이나 비용을 줄이는데 있다.

- 석탄주 주방문(酒方文)기준 급수비율 비교

(예시) 석탄주(주찬: 석탄향, 조선무쌍신식요리제법: 석탄향방)기준
밑술: 멥쌀 2되, 누룩 1되, 물 1말
덧술: 찹쌀 1말

구분	멥쌀 2되	찹쌀 1말	물 1말	급수비율
1) 조선시대	1.14L	5.7L	5.7L	83.3%
2) 일제강점기	3.6	18.0	18.0	84.3
3) 조선시대 환산	1.06kg	5.4kg	5.7	88.2
4) 일제강점기 환산	3.32	17.1	18.0	88.1
5) 현대계량	1.6	8.0	18.0	187.5

* 3), 4)는 농촌진흥청 전통주 복원시 쌀의 용적을 무게로 환산한 기준적용

- 원료별 1되 용적의 무게(농촌진흥청 〈풀어 쓴 고문헌 전통주 제조법〉)

구분	멥쌀	찹쌀	누룩	밀가루
조선시대(570ml)	530g	540g	400g	320g
일제강점기(1,800ml)	1,660	1,710	1,250	1,000g

멥쌀과 찹쌀의 무게 차이가 미미한데 사용의 편리성 측면에서 통일하였으면 하는 아쉬움이 있다.

[술 빚기 사전준비]

1. 어떤 술을 빚을 것인가? 먼저 술의 종류를 결정한다.
2. 단양주로 빚을 것인지? 이양주로 빚을 것인지?
3. 재료처리는 어떤 방법(고두밥, 죽, 구멍떡, 범벅, 백설기 등)으로 할 것인지?
4. 술 종류에 따라 누룩을 준비하고 가향재(꽃 등)나 약재를 사용하는 경우 별도로 준비한다.
5. 찜기, 발효통, 혼화용기 등 술빚기 도구를 준비한다.

[술 빚기 도구]

•발효용기

항아리, 스테인리스 통, 유리병 등을 사용한다. 플라스틱 용기는 가급적 피하는 것이 좋다.

발효통의 크기는 술덧 양이나 술덧의 처리형태에 따라 결정해야 한다.

일반적으로 예상 술덧 양의 120%의 용기가 무난하다. 그러나 반생반숙 형태의 범벅으로 하는 경우에는 주발효시 많이 끓어오르므로 술덧의

항아리

스테인리스 통

유리병

150%에 해당하는 용기를 사용하여야 한다.

예상 술덧량을 계산할 때 술을 빚는데 사용하는 재료는 모두 부피로 환산한다.

쌀은 무게의 125%기준 부피로 환산하고, 누룩 1되 600g은 1L, 물 1되는 1.8L로 계산하여 합산한다.

- 술덧량 예상

  쌀 5kg, 누룩 1되, 물 3되를 사용하여 술을 빚을 때 예상 술덧량

  쌀(5×1.25)+누룩(1)+물(1.8×3) = 12.65L

- 술독의 용량

  12.65×1.2 = 15.18L

- 찌는 용기

시루나 찜기, 들통 등을 사용한다.

시루

찜기

들통

자배기

양푼

• **혼화용 그릇**
자배기나 큰 양푼 등을 사용한다.

• **기타**

저울, 계량 컵, 소쿠리, 체, 주전자, 시루밑, 손절구, 주걱(나무주걱, 알뜰주걱), 술독 덮개천, 술독 받침대, 온도계, 비중계, 누룩틀, 용수, 쳇다리, 바가지, 거름망, 깔대기, 당도계, 숙성용기 등

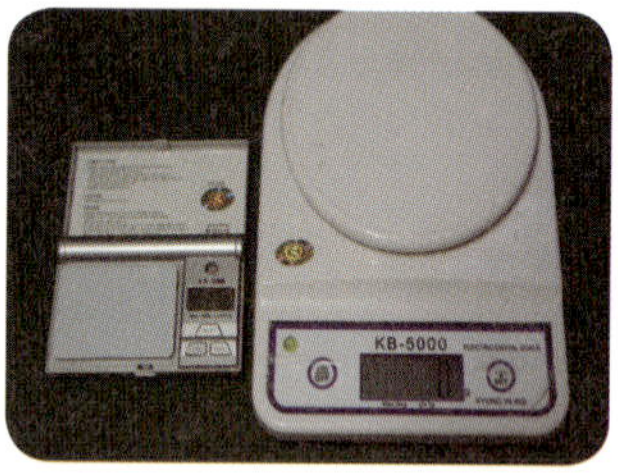

저울

계량컵

소쿠리

가루 내리는 체

주전자

시루밑

손절구

주걱

덮개 천

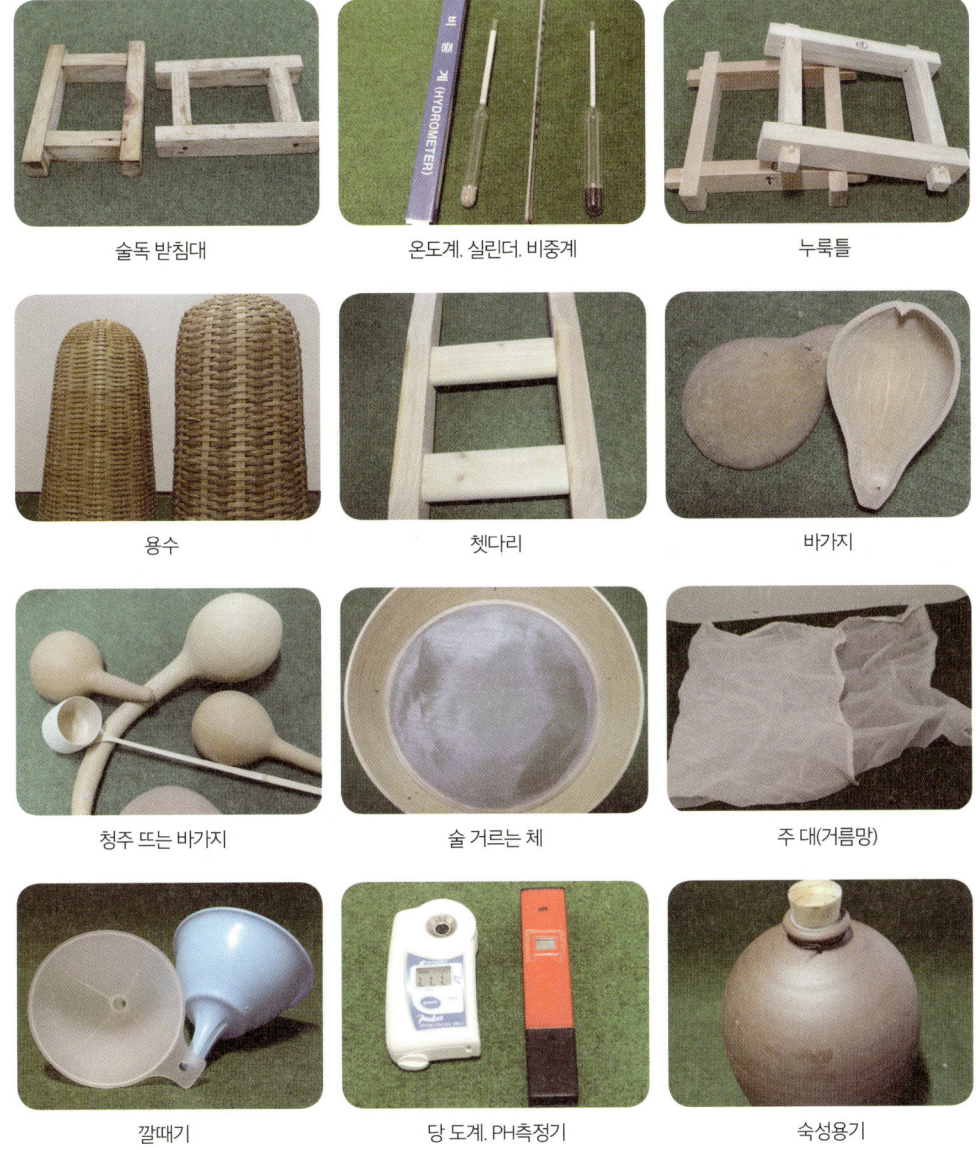

술독 받침대 / 온도계. 실린더. 비중계 / 누룩틀

용수 / 쳇다리 / 바가지

청주 뜨는 바가지 / 술 거르는 체 / 주대(거름망)

깔때기 / 당 도계. PH측정기 / 숙성용기

[술 빚기 도구의 소독]

술 빚기 도구는 소독을 철저히 하여 사용하여야 한다. 항아리를 짚불로 소독하는 것은 소독효과가 좋지만 짚을 구하기도 어렵고 소독하는 공간도 문제가 된다.

또 그을음을 닦아 주어야 하는 번거로움도 있다.

항아리를 깨끗이 씻어 소나무, 잣나무잎 등을 물에 넣고 끓여 그 위에 항아리를 엎어 20분 정도 뜨거운 수증기에 의해 소독한다. 방법이 간편하고 소독효과도 좋다.

스테인인리스 통이나 혼화용 용기, 주걱 등은 끓는 물이나 알코올로 소독한다. 소독 후에 물기나 알코올은 깨끗한 천으로 닦아 주어야 한다.

- 처음 사용하는 항아리 손질

항아리는 세제를 사용하면 안 된다. 항아리의 모공 사이에 세제 찌꺼기가 남게 되어 발효에 나쁜 영향을 끼친다.

1. 밀가루를 사용하여 깨끗이 씻고
2. 햇볕에 2~3일 소독하고
3. 뜨거운 수증기로 소독하여 사용한다.

김칫독이나 간장독 등으로 쓰던 것은 술 빚기에 사용하면 안 된다.

2. 단양주. 이양주. 삼양주 / 밑술. 덧술 이해하기

단양주(單釀酒)

술 빚기를 한번 한 술이 단양주다. 단양주는 두 번 이상 빚은 술에 비하여 술 맛과 향이 떨어지나 서민들이 즐겼던 술이다. '동동주'라고 불리는 부의주(浮蟻酒)는 단양주의 대표적인 술이라고 할 수 있다.

단양주에는 고려 때부터 전해져 온 고급탁주 이화주(梨花酒)를 비롯하여 향온주, 백수환동주, 연엽주, 계명주, 청감주 등이 있다.

이양주(二釀酒)

이양주는 밑술이 되는 주모(酒母)를 만들어 덧술한 술을 말한다. 이렇게 두 번 빚은 술은 단양주에 비해 알코올 도수가 높고 맛과 향이 좋다.

이양주에는 백화주, 동정춘, 하향주, 동양주, 녹파주, 소곡주, 벽향주, 황금주, 석탄주 등이 있다.

삼양주(三釀酒)

삼양주는 세 번 빚는 술을 말한다. 밑술을 만들어 덧술을 두 번 한다. 술 맛이 더 깊어지고 술 색갈이 맑으며 밝은 술이 된다. 세 번 빚는 술은 중양주(中釀酒), 춘주(春酒)라 불리는 고급청주이다.

삼양주로는 서울지역의 문화재로 지정된 삼해주를 비롯하여 삼오주, 호산춘, 약산춘 등이 있다.

밑술

밑술은 덧술하기 위하여 빚는 술이다. 이양주 이상의 술 빚기에서 밑술을 사용하는 이유는 우량효모의 증식과 적정농도의 젖산확보에 있다.

밑술의 가공형태는 쌀을 가루 내어 죽이나 떡, 범벅 등의 형태로 한다. 쌀을 가루 내어 사용하는 것은 전분의 호화도를 높여 효율적인 미생물 증식을 도모하기 위해서다.

동정춘, 동양주, 하향주 등 물을 사용하지 않는 술이나 특수한 경우를 제외한 일반적인 술 빚기에서 밑술 재료의 비율은 다음과 같이 한다. 단맛이 있는 술을 원하면 급수량을 줄이고 드라이한 술을 원하는 경우에 급수량을 늘려준다.

쌀의 량	전체 전분질 재료(밑술+덧술)의 10% 수준
쌀: 누룩	1:1 또는 2:1
누룩	전체 전분질 재료의 10%
급수량	전체 전분질 재료의 80~120%

밑술은 25도 정도에서 발효관리하며, 하루 1~2회 저어준다. 발효상태에 따라 3~5일 사이 덧술에 활용한다.

삼해주나 삼오주 등은 저온에서 발효시키는 술로 12일(또는 36일)만에 덧술을 한다

덧술

밑술을 사용하여 빚는 본 술을 덧술이라 한다. 덧술을 하는 이유는 단양주를 보완하는 좋은 술을 만드는데 있다. 알코올도수를 높여주고 맑고 향을 좋게 하여 감칠맛 나는 술을 만드는데 목적이 있는 것이다.

덧술의 경우 일반적으로 고두밥 형태의 쌀만 투입한다. 술량을 늘리기 위해 쌀과 물을 투입할 수도 있으며, 밑술상태가 불량할 시에 누룩을 사용할 수 있다.

덧술 초기 2~3일은 효모증식을 위하여 저어주는 것이 맞는 방법이다. 덧술의 경우 오염의 위험성이 있고, 알코올발효가 목적이므로 저어주지 않고 혼화를 충분히 해 주는 것이 좋다.

덧술 횟수에 따라 이양주, 삼양주, 사양주 등으로 호칭한다

3. 술은 어떻게 만들어지나

알코올발효는 당분이 효모에 의해 분해되는 과정에서 에탄올과 이산화탄소를 만들어내는 과정을 말한다. 이론적으로 100kg의 전분을 함유하는 원료로부터 얻어지는 순수 알코올은 71.5L이다.

다당류인 전분질 재료는 효모가 분해하지 못한다. 포도당 등으로 변화시켜야 효모가 이용하여 알코올을 만들게 된다. 전분은 누룩 속에 들어있는 당화효소(곰팡이)나 맥아 등에 의하여 가수분해되어, 과당, 포도당 등으로 변한다. 이것을 당화작용이라 한다.

○ 효소와 효모의 역할

효소

효소는 누룩곰팡이가 분비하는 물질이다. 미생물이 아닌 단백질 덩어리로 그 자체의 양은 변하지 않고 촉매역할을 하여 여러 대사활동을 활발히 한다.

유대식, 유현영의 〈우리 누룩의 정통성과 우수성〉에 의하면 누룩 속에는 20속 101종의 많은 곰팡이가 존재한다. 곰팡이들은 전분을 분해하여 포도당으로 만든다. 단백질은 아미노산으로, 지방은 지방산이나 글리세롤로 분해한다.

국내 양조장에서 이용하는 누룩곰팡이는 내산성이 강한 Aspergillus kawachi(백국균) 단일균이다. 백국균은 산 생성력이 높아 술덧의 오염을 방지하고 향미가 좋다.

일본의 사케 제조에는 Aspergillus oryzae(황국균)이 사용된다.

효모

효모를 처음 분리. 배양한 사람은 1683년 네덜란드인 레벤후크이며, 효모의 어원은 라틴어의 '끓는다'는 뜻이다. 효모가 포도당을 이용하여 알코올 발효 과정에서 일어나는 이산화탄소 거품이 끓어올라 물이 끓는 것처럼 보인다고 해서 유래된 것이다.

효모는 출아법에 의하여 증식하는 단세포 미생물이다. 효모는 산소가 있을 때 호흡을 하며 증식하고 산소가 없으면 알코올을 만들게 된다. 이러한 기질을 양조에 이용하는 것이다.

누룩 속에는 곰팡이와 효모가 있으므로 누룩만으로 양조를 할 수 있다. 전통누룩을 사용하며 효모를 일부 사용하는 것은 안정적인 발효를 시키기 위해서이다. 입국의 경우에는 당화만 가능한 '씨 없는 수박'이므로 별도로 효모를 넣어주어야 한다.

○ 당화작용 · 알코올 발효

당화작용

$$n(C_6H_{10}O_5) + n(H_2O) \xrightarrow{\text{당화효소}} n(C_6H_{12}O_6)$$

전분   물   당화효소   포도당

전분은 포도당이 결합된 다당류이므로 효모가 이용할 수 없다. 누룩곰팡이가 만들어 내는 당화효소에 의해 포도당으로 분해된다.

알코올 발효

$$n(C_6H_{12}O_6) \xrightarrow{\text{효모}} 2n(C_2H_5OH) + 2n(CO_2)$$

포도당   효모   알코올   탄산가스

알코올 발효란 효모가 당을 분해하여 에틸알코올을 생성하는 과정을 말하며, 1분자의 포도당에서 2분자의 에탄올과 2분자의 이산화탄소를 만들어 낸다.

○ 발효의 형태

술을 만드는 주재료 형태가 당질원료이냐 전분질 원료이냐에 따라 발효 형태가 단발효, 단행복발효, 병행복발효로 구분된다.

단발효(單醱酵)

포도에 들어있는 당은 단당류인 포도당이다. 포도당은 포도에 붙어있는 효모 단독에 의하여 알코올발효가 일어난다. 이를 단발효라고 하며 와인, 사과와인 등 과실주는 단발효에 의해 만들어진다.

단행복발효

맥주는 당화효소인 맥아를 이용하여 맥즙을 만들고(당화작용), 효모에 의하여 알코올발효가 일어난다. 이렇게 당화작용과 알코올발효가 나누어져 이루어지는 것을 단행복발효라 한다.

병행복발효

탁주, 청주, 약주 등이나 일본 사케의 경우 당화작용과 알코올발효가 동시에 일어나는 발효방식으로 병행복발효라고 한다. 전분질재료의 경우 다당류이므로 효모가 직접 알코올로 만들 수 없다. 전분은 누룩 속에 있는 곰팡이(효소)에 의하여 단당류나 이당류로 변하게 된다. 그리고 효모는 당을 이용하여 알코올과 탄산가스를 만들어낸다.

○ 효모의 호흡과 발효

생물이 물질을 생활작용의 원동력으로 삼는 현상을 호흡이라 한다. 효모는 산소가 있는 조건(호기적 조건)에서 증식을 하며, 산소가 없는 조건(혐기적 조건)에서 알코올을 만들게 된다.

산소가 있을 때(호기적 조건)

효모는 산소가 있을 때 호흡을 하고 효모가 먹은 포도당은 이산화탄소와 물로 분해된다. 이때 방출되는 다량의 에너지를 이용하여 효모는 생활하고 증식하게 된다.

$$C_6H_{12}O_6 + 6O_2 \dashrightarrow 6CO_2 + 6H_2O + 674\ Cal$$

포도당　　산소　　　　　　이산화탄소　물　　에너지

산소가 없을 때(혐기적 조건)

산소가 없으면 효모는 혐기성호흡 또는 발효를 하며 포도당은 완전히 분해되지 않고 알코올을 만든다. 알코올은 많은 에너지(325×2=648Cal)를 가지고 있으므로 효모는 에너지가 적어 활발한 활동을 할 수 없게 된다. 에너지 효율이 나쁘기 때문에 효모는 살아가기 위해 열심히 활동한다. 이 과정에서 알코올이 만들어지게 된다.

$$C_6H_{12}O_6 \dashrightarrow 2C_2H_5OH + 2CO_2 + 27\ Cal$$

포도당　　　　　　알코올　　이산화탄소　에너지

따라서 밑술 상태에서는 호기적 조건에서 효모의 활성을 위하여 하루에 1~2회 저어주어 산소를 공급하여 주어야 한다. 덧술 상태에서는 산소를 차단하여 알코올발효를 유도하여야 하므로 술덧을 저어주지 않는다.

○ 미생물 증식곡선

효모는 에너지를 얻고 개체수를 늘리기 위해 영양소를 사용하며 물질대사가 이루어진다. 초기에는 개체수가 증가하지 않고 새로운 환경에 적응하기 위한 잠복기를 거쳐 개체수가 증가하게 된다. 효모는 진핵생물로 출아법에 의하여 증식한다. 25~30도에서 효모의 일 세대 시간은 약 두 시간이다. 한 개의 모세포는 좋은 조건에서 24회까지 출아한다고 한다.
누룩 미생물은 잠복기(유도기) ⇨ 대수 증식기 ⇨ 정지기를 거쳐 사멸하게 된다.

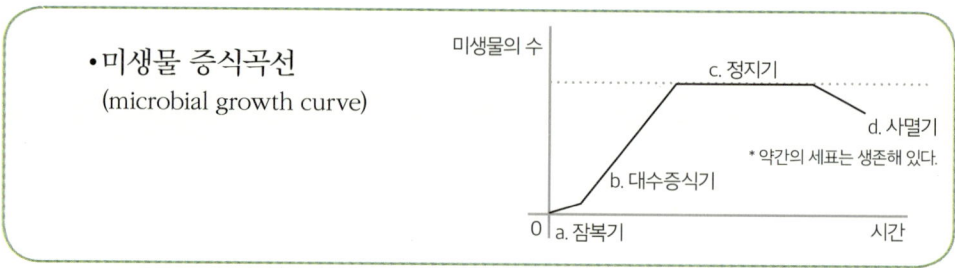

• 미생물 증식곡선
(microbial growth curve)

잠복기(유도기)
우리 몸에도 병원균이 침투하여 잠복기를 거쳐 병의 증상이 나타나게 된다. 잠복기(유도기)는 누룩에 있는 미생물들이 호화된 전분을 이용하여 증식을 하기 위해 준비하는 단계이다.

전분질 재료의 호화도, 누룩 사용량, 급수량, 전분질 재료에 누룩을 넣고 혼화시키는 정도, 발효온도 등에 따라 잠복기간이 결정된다. 호화를 충분히 하지 않은 경우 대수증식기로 가지 못하고 산패가 발생할 수도 있다.

대수증식기

미생물이 급격하게 증식하여 전분을 포도당으로 변화시켜 알코올과 이산화탄소가 생성되어 활발하게 끓어오른다. 누룩이 술 표면으로 떠오르고 알코올 생성에 따라 단맛이 점차 줄어든다.

정지기

미생물 수가 증가하지만 영양분이 부족한 상태가 된다. 효모가 알코올을 만들어 내며 살기 위하여 몸부림치는 단계이다.

밑술의 경우 대수증식기를 거쳐 정지기 초기단계에 덧술을 해야 한다.

사멸기

미생물의 영양이 고갈되어 미생물이 죽어가는 단계이다. 미생물 수가 감소되어 잡균에 의하여 술 표면이 오염되기 시작하여 산패된다.

4. 우리 술의 분류

주세법상 주류의 정의

주류란 주정, 알코올분 1도 이상의 음료를 말한다. 용해하여 음료로 할 수 있는 가루 상태인 것을 포함하되, "약사법"에 따른 의약품으로 알코올분이 6도 미만인 것과 '주류판정심의위원회'의 심의를 거쳐 주류가 아닌 것으로 결정한 것은 제외한다.

젤리, 초콜릿 등에 알코올을 넣은 것은 주류가 아니며, 음식조리에 사용하는 미림은 주류에 해당된다.

주세법상 주류의 종류(개정 2013.4.5)

① 주정

녹말 또는 당분이 포함된 재료를 발효시켜 알코올분 85도 이상으로 증류한 것으로 희석식 소주, 과실주, 리큐르 등의 제조원료로 사용된다.

② 발효주류

• 탁주

녹말이 포함된 재료(발아곡류는 제외)와 국(麴) 및 물을 원료로 하여 발효시킨 술덧을 여과하지 아니하고 혼탁하게 제성한 술이다. 막걸리, 탁배기, 농주, 회주, 백주, 막자, 큰술, 탁료 등 호칭이 다양하다. 합계중량 기준으로 녹말재료는 50% 이상 사용하여야 하며, 과실. 채소류는 20% 이하를 사용할 수 있다.

탁주는 동아시아 공통의 술로 중국에서는 미지우(米酒), 초우지우(稠酒)라 하며 일본에서는 도부로부(濁醪), 니고리자케(濁酒)라 불린다.

• 약주

발효시킨 술덧을 걸러 미탁 이상으로 맑게 여과한 술을 말한다. 녹말재료와 과실. 채소류 사용기준은 탁주와 동일하다. 누룩은 녹말재료 합계중량 기준 1% 이상 사용해야 한다. 주정. 증류식 소주를 해당 주류의 알코올 분 총량의 20% 이하(알코올분 25도 미만)로 혼합할 수 있다.

계명주

교동법주

소곡주

• 청주

쌀과 입국, 물을 사용하여 발효시킨 후 맑게 여과한 술로 전분질 재료는 쌀과 찹쌀만 사용이 가능하다

누룩은 쌀 합계중량대비 1% 미만으로 사용하여야 한다. 주정을 혼합하는 경우에는 쌀 1kg당 알코올 분 30도 주정을 2.4L 미만 사용할 수 있다. (해당주류의 알코올분은 25도 미만)

• 맥주

보리를 싹 띄워 맥아를 만든 후 물을 넣고 가열하여 맥즙을 만든 후에 홉과 효모를 넣어 발효시켜 제성한 술이다. 상면 발효맥주와 하면 발효맥주가 있다. 상면 발효맥주는 발효 중 탄산가스와 함께 떠오르는 효모로 발효시킨 맥주로 향이 풍부하고 쓴맛이 강하다. 영국식 에일 맥주, 포터, 램빅, 스타우트 등이 상면 발효맥주다.

하면 발효맥주는 아래로 가라앉는 효모를 이용하여 저온에서 발효시킨 맥주로, 깨끗하며 맛과 향이 부드럽다. 칼스버그, 밀러, 버드와이저, 아사히, 칭다오, 필스너, 보크 등 라거계열 맥주가 하면 발효맥주다. 현재 하면 발효맥주가 맥주의 주종을 이루고 있다.

- **과실주**

포도, 머루, 사과, 복분자 등 과일을 발효시킨 술로 일반적으로 '와인'이라 불린다. 세리, 포트와인은 브랜디나 증류주를 첨가하여 저장성을 높인 강화와인이다. 베리무트는 향초나 약초를 넣어 침출한 증류주를 첨가한 가향와인이다

③ 증류주류

- **소주**

녹말이 포함된 재료를 국과 물을 원료로 하여 발효시켜 연속식 증류 방법으로 증류한 것과 주정 또는 곡물주정을 물로 희석한 것을 말한다.

주세법상 희석식 소주와 증류식 소주로 분리되어 있던 것을 2013년 주세법 개정시 소주로 일괄 통합하여 증류식 소주의 가치조차 묻어 버렸다.

- **위스키**

발아된 곡류와 물을 원료로 하여 발효시킨 술덧을 증류하여 나무통에서 1년 이상 숙성시킨 것을 말한다. 위스키는 사용하는 원료에 따라 다르게 불린다.

종류	특징
몰트위스키	맥아만 사용한 위스키
그레인위스키	맥아와 곡류를 사용
블랜디위스키	몰트와 그레인을 혼합
버번위스키	옥수수를 51% 이상 사용
콘위스키	옥수수를 81% 이상 사용
라이위스키	귀리를 51% 이상 사용

• 브랜디

과실주를 증류하여 나무통에서 1년 이상 숙성시킨 술을 말한다. 프랑스 코냑지방에서 생산되는 코냑, 사과브랜디 칼바도스 등이 있다.

• 일반증류주

소주, 위스키, 브랜디 등을 제외한 증류주를 말한다. 수수나 옥수수를 사용한 고량주, 노간주를 사용한 럼, 선인장을 이용한 데킬라, 감자, 옥수수, 고구마 등을 이용한 보드카 등이 있다.

• **리큐르(혼성주)**

증류주나 주정에 과일이나 약초, 향초 등의 추출물이나 당료, 향료, 색소를 가해 제조한 혼성주를 리큐르(Liqueur)라고 한다

베일리스, 깔루아, 압생트, 베네딕틴 등이 리큐르다. 증류주 중 죽력고, 이강주 등이 리큐르로 분류되며, 국내 과실주 중에는 리큐류형태(매실, 복분자, 블루베리 등)로 많이 출시되고 있다.

④ 기타주류

주세법상 주정, 발효주, 증류주류에 속하지 않는 주류를 총칭한다. 음식요리에 사용하는 맛술인 미림은 마시는 술은 아니지만 기타주류로 분류된다. 발효주와 증류주를 혼합하여 발효시킨 과하주는 기타주류의 대표적인 술이다.

해당주류의 알코올분 20% 이하로 주정이나 증류식 소주를 첨가하는 것과, 탁주. 약주 등에 20% 이하의 과일을 첨가하는 것은 기타주류에서 제외된다.

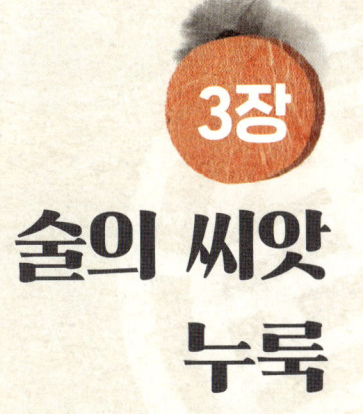

3장
술의 씨앗 누룩

1. 누룩이란 무엇인가
2. 누룩의 분류
3. 누룩 만들기
4. 누룩의 법제 및 보관

3장 술의 씨앗 누룩

1. 누룩이란 무엇인가

누룩은 밀, 쌀, 보리, 녹두 등을 빻아 반죽, 성형하여 공기중의 미생물을 자연번식시킨 것으로 술의 씨앗이다.

누룩 속에는 전분질 재료를 당화시키는 곰팡이(효소)와 알코올발효를 하는 효모, 잡균을 억제하는 젖산균 등 많은 미생물이 있다.

> <우리누룩의 정통성과 우수성>(유대식, 유현영, 2011년)에 의하면 누룩 속에는 곰팡이 20속 101종, 효모 17속 65종, 세균 15속 39종 등 52속 205종의 많은 미생물이 존재한다.

국세청 기술연구소(1971년)는 곡자(麯子)란 날 곡류 자체가 함유하고 있는 효소와 여기에 리조프스(거미줄곰팡이), 아스페루길루스, 압시디아, 털곰팡이 등의 사상균과 효모, 기타 균류가 번식하여 각종 효소를 분비하

는 발효제로 정의하고 있다.

주세법(3조8항)에서 국(麴)이란 녹말이 포함된 재료에 곰팡이류를 번식시킨 것, 녹말이 포함된 재료와 그 밖의 재료를 섞은 것에 곰팡이류를 번식시킨 것, 효소로서 녹말이 포함된 재료를 당화시킬 수 있는 것으로 정의하고 있다.

고문헌상에서 누룩을 국(麴)과 곡(麯)으로 혼용하고 있다. 국(麴)으로 표현하고 있는 누룩이 지금의 일본식 코지(입국)를 말하는 것은 아니다.

• 전통누룩과 일본 코지(입국)비교

구분	전분형태	균접종	형태	효모	장점	단점
전통누룩 麯	생전분	자연접종	떡 누룩	있음	다양한 술맛	주질의 불안정
일본 코지 麴	증자전분	인공접종	흩임 누룩	없음	술빚기 용이	단조로운 술맛

2. 누룩의 분류

형태에 따른 분류

누룩원료의 처리 형태에 따라 떡 누룩(병곡)과 흩임 누룩(산곡)으로 분류한다. 떡 누룩 형태는 원료를 반죽하여 덩어리 형태로 만드는 누룩을 말한다. 거칠게 분쇄하여 만드는 조곡(粗麴), 가루 형태로 하여 만드는 분곡(粉麴), 쑥, 도꼬마리, 여뀌 등을 넣어 만드는 초곡(草麴)이 있다.

흩임 누룩은 재료를 뭉치지 않고 곡물의 낱알이 흩어져 있는 상태의 누룩을 말한다. 현재 전통방법의 흩임 누룩은 거의 사용하지 않고 있다.

제조시기에 따른 분류

음력을 기준으로 1월~3월에 빚은 누룩을 춘곡, 4월~6월에 빚은 누룩을 하곡, 8월~10월에 빚은 누룩을 추곡 또는 절곡(節麴), 11월~12월에 빚은 누룩을 동곡이라 한다

선조들은 온도와 습도가 높은 여름에 누룩을 빚었다

> •고문헌상 누룩 디디기 좋은 날
> 산가요록 : 삼복 때 만드는 것이 좋다.
> 음식디미방 : 누룩은 6월에 디디면 좋고 7월 초생도 좋다
> 증보산림경제 : 여름 삼복 중에 누룩을 만들면 벌레가 생기지 않는다
> 사시찬요초 : 복중에 누룩을 만든다.

원료에 따른 분류

사용하는 재료에 따라 밀을 사용하는 밀누룩, 쌀을 사용하는 쌀누룩, 통보리를 사용하는 오메기누룩, 녹두를 사용하는 녹두누룩 등으로 분류한다.

3. 누룩 만들기

누룩재료

누룩의 재료는 밀, 밀가루, 쌀, 녹두, 보리 등이다. 주 원료로는 밀을 많이 사용한다. 밀은 글루텐 성분이 많아 성형이 용이하고 수분증발이 완만하여 미생물 증식이 용이하다. 젖산균의 생성도 빨라 잡균억제가 용이하다.

밀 단백질은 아미노산으로 분해되어 향기성분으로 작용하기도 한다.

누룩의 규격

누룩의 직경이 너무 작으면 수분이 쉽게 발산하여 누룩균의 침투가 불량하고 숙성도 불량하다. 두께가 너무 얇으면 단시일에 숙성되어 빛깔은 좋지만 향미가 좋지 않다. 두께가 두꺼우면 내부의 수분발산이 곤란하여 품온이 높아질 가능성이 있고 건조와 후숙이 어렵게 된다.

일반적으로 지름은 20cm, 두께 2.5~5cm, 무게 800~1000g이 적당하다.

송학곡자는 34×2~2.5cm / 무게 1,000g이며, 진주곡자는 20×5.0cm / 무게 1,450g이다. 날씨가 상대적으로 따뜻한 진주지역에서 만드는 누룩이 두께가 두껍고 크게 만들고 있다.

밀누룩(조곡)

밀누룩은 술빚기에서 가장 많이 사용된다. 이화주나 백수환동주, 오메기술 등 특수누룩을 사용하는 술을 제외하고 일반적으로 밀누룩을 사용한다.

- **재료**: 통밀 4kg, 물 1.2L
- **누룩 빚기**

- 제조공정

1. 밀 선별 및 분쇄 → 2. 물 혼합 → 3. 배합조정
4. 누룩성형 → 5. 똬리 틀기 → 6. 누룩 디디기
7. 성형한 누룩 → 8. 시루에 앉히기 → 9. 완성 누룩

1. 밀 선별 및 세척 분쇄

밀알을 선별하여 물에 담가 세척하여 오물 등을 제거하고 분쇄한다. 누룩의 용도에 맞게 조곡의 경우에는 거칠게 빻는다. 분곡은 밀기울을 제거하고 밀가루로 만든다.

2. 물 혼합 및 방치

끓여서 식힌 물을 원료대비 25~30%를 조금씩 부으면서 혼합해 준다. 겨울철에는 약간 따뜻한 물을 사용하는 것이 좋다. 혼합 후 30분~1시간 동안 방치하여 수분이 골고루 흡수될 수 있도록 한다

3. 배합조정

밀 반죽을 뭉쳐보아 부서지면 물을 추가해 주고 단단히 뭉쳐지면 성형 준비를 한다

4. 누룩성형

누룩 틀에 누룩용 천을 깔고 누룩 틀 안에 밀 반죽을 가장자리부터 가득 넣는다. 천을 잡아 당겨 꽈리를 틀어 올려 성형을 한다.

5. 누룩 디디기

꽈리 튼 윗부분에 천을 깔고 밟은 후에 뒤집어서 밟는다. 다시 뒤집어서 단단히 밟는다. 누룩을 단단히 밟지 않으면 수분증발이 빨라 곰팡

이 착생이 어렵다. 발효 중 부풀어 오를 때 내부에 공기층이 생겨 빈 공간에서 유해균이 번식하여 부패하기도 쉽다.

6. 누룩 띄우기

항아리나 시루 또는 종이상자 등에 마른 짚을 깔고 누룩과 짚을 켜켜이 쌓는다. 짚 대신 쑥, 도꼬마리, 여뀌, 솔잎 등을 사용해도 좋다. 35도 내외의 품온으로 20일 정도 발효관리해 주면서 2~3일 간격으로 뒤집기를 해주며 위치를 바꿔준다. 온도가 40도 이상 오르지 않도록 관리한다.

7. 건조 및 숙성

발효가 끝난 누룩은 30도 정도에서 서서히 건조시킨다. 너무 빨리 건조시킬 경우에 표면은 말라도 내부에 수분이 남아있어 썩을 우려가 있으니 조심해야 한다. 누룩 건조 후에는 2개월 이상 통풍이 잘 되는 신선한 곳에서 숙성시킨다.

- **좋은 누룩이란?**
  - 누룩 내부까지 곰팡이 균사가 충분히 피어있는 누룩
  - 황백색 또는 회백색인 누룩
  - 누룩 특유의 고소한 향기를 가진 누룩
  - 당화력이 높은 누룩

백수환동주곡(白首還童酒麯)

백수환동주곡은 백수환동주를 빚는 누룩이다. 녹두와 찹쌀을 이용하여 빚는 고급 누룩이다.

- **재료**: 녹두 1kg, 찹쌀 500g
- **누룩 빚기**

1. 찹쌀을 깨끗하게 씻어 3~4시간 불렸다가 곱게 가루를 낸다.
2. 녹두를 거칠게 갈아서 거피한다.
3. 녹두를 비린내가 나지 않을 정도로 10~15분 찐다.
4. 삶은 녹두를 식힌다.
5. 쌀가루와 녹두를 섞어 다시 빻는다. (떡집 또는 절구 이용)
6. 중체에 내려 고르게 섞는다.
   ⇨ 물을 주지 않아도 쌀과 찐 녹두에 흡수된 물로 성형이 가능하다
7. 오리알 크기로 단단히 뭉친다.
8. 누룩과 솔잎 또는 짚을 켜켜로 재워 30~35도에서 발효관리한다.
9. 7일 후에 뒤집기 해 주고, 14일 후에 햇볕에 말려준 후, 다시 7일 후에 꺼내어 건조시킨다.
10. 껍질을 칼로 벗겨내고 곱게 빻아서 사용한다.

이화곡(梨花麯)

이화곡은 쌀로 빚는 누룩이다. 이화곡을 이용하여 배꽃 필 무렵 빚는 술이 이화주(梨花酒)다. 이화주는 고려 때부터 전해 내려온 고급 탁주다.

이화곡 성형

누룩 띄우기

- **재료:** 멥쌀 800g, 물 120~150ml
- **누룩 빚기**

1. 쌀을 깨끗이 씻어 4~5시간 물에 불린다.
2. 쌀을 건져 30분~1시간 물을 뺀 후 곱게 가루를 낸다.
3. 쌀가루에 물을 고르게 뿌려 섞어준 후에 중간 체에 내려준다.
4. 원료대비 15% 수준의 물을 쌀가루에 조금씩 부어 고르게 섞어준다.
5. 수분이 고루 흡수되도록 천을 덮어 30분 정도 방치해 둔다.
6. 쌀가루를 오리알 크기로 단단히 뭉쳐 성형한다.
7. 옹기항아리 또는 종이상자에 솔잎, 볏짚 등을 깔고 누룩과 볏짚을 켜켜로 쌓고 위에는 볏짚이나 솔잎으로 마무리한다.
8. 30~35도에서 발효관리 해 주면서 2~3일 간격으로 뒤집기와 위치를 바꿔주고 2~3주 띄운다.
9. 띄워진 누룩은 표면의 검은 곰팡이 등을 벗겨내고 햇볕에 바싹 말려서 한지 봉투에 담아 보관한다.

- **이화곡 사용**

절구 등에 분쇄하여 고운 체로 쳐서 가루로 사용한다. 이화주는 술덧 자체를 떠 먹는 술이므로 먹을 때 씹히지 않도록 해야 한다.

4. 누룩의 법제, 사용량 및 보관

누룩의 법제란

한의학에서 법제(法製)란 약재의 독성은 없애고 약효를 높이기 위하여 행한다. 약재의 종류에 따라 햇볕에 말리거나 그늘에서 말린다. 불이나 증기를 이용하여 말리는 방법도 사용한다. 또 여러 재료를 넣어 함께 볶기도 한다.

누룩의 법제는 햇볕에 말리는 것을 말한다.

법제요령

누룩을 법제하는 방법은 먼저 누룩표면의 이물질을 털어낸다. 조곡의 경우 절구 등을 이용하여 누룩을 콩알 크기 만하게 분쇄한다. 누룩을 사용하기 전 2~3일간 햇볕과 이슬을 맞히며 법제한다.

> 도심에서 밤에 이슬을 맞히는 것은 오염의 가능성이 있다.
> 물 좋고 산 좋은 산골마을에서만 가능한 일이다.

법제 이유

누룩 속에 있는 미생물을 살균하여 산패와 잡균의 오염을 방지하고 나쁜 냄새 등을 제거하고 표백효과를 얻기 위해서다.

누룩의 사용량

누룩이 전분을 당화시키는 힘을 당화력(Saccharogenic Power = 약자로 SP로 표기)이라 하며, 당화효소(누룩) 1g이 전분 1g에 작용하여 포도당으로 변화시키는 힘을 말한다.

누룩의 당화력은 제품에 따라 편차가 있지만 보통 300SP이다. 쌀 1kg을 당화시키는데 27,000SP가 소요되므로 누룩 90g이 필요하다.

(누룩의 사용량 = 27,000 * 300 = 90g)

일반적인 술 빚기에서 전분질 대비 10%의 누룩을 사용하면 된다. 누룩을 많이 사용하면 당화나 발효에 유리하지만 누룩취가 강하고, 발효가 빠르게 진행되어 좋은 술을 기대하기 어렵다.

누룩의 보관

잘 마른 누룩은 한지 봉투에 담아 삼베 자루 등에 넣어 건조하고 통풍이 잘 되는 곳에 매달아서 보관한다. 장마철이나 장기간 보관 시에는 한지봉투에 넣어 비닐로 밀봉하여 냉동보관한다.

4장
우리 술의 이해

1. 우리 술 알아보기
2. 우리 술 빚기 공정
3. 밑술 재료의 처리

4장 우리 술의 이해

1. 우리 술 알아보기

막걸리. 탁주

주세법상 탁한 술의 정식명칭이 탁주이다. 상품명으로 막걸리로 통칭되고 있는 탁주는 발효시킨 술덧을 혼탁하게 제성한 주류를 총칭한다. 막걸리는 '막 거른 술'이란 뜻이다.

탁주는 가장 역사가 오래된 술이다. 일반적으로 탁주와 청주의 구별은 술을 빚는 방법이나 재료에 의한 것이 아니고 술을 거르는 방법에 따라 달라진다. 술이 익으면 용수를 박아 맑은 술인 청주를 떠 내고 남은 술지게미에 물을 넣어 걸러내는 것이 탁주이다.

배꽃 필 무렵 술을 빚는 데서 이름 붙여진 이화주(梨花酒)는 고려 때부터 빚어진 고급탁주이다. 이화주를 막걸리라 부르지는 않는다.

쌀알이 동동 뜬다고 하여 '동동주'라고 부르는 부의주(浮蟻酒)는 개미가 뜬 것 같다는 뜻에서 유래된 이름이다.

탁주는 옛 문헌에 흰 술이라 하여 백주(白酒), 농사철에 쓰이는 술이란 뜻에서 농주(農酒), 발효시킨 술덧을 거를때 후수를 가하지 않거나 소량 추가하여 제성한 술이란 뜻의 합주(合酒)라고 불렸다.

서민들의 애환을 달래주던 술이 바로 막걸리다. 가난한 시인 천상병이 지은 '막걸리' 시다.

막걸리

천상병

나는 술을 좋아하되 / 막걸리와 맥주밖에 못 마신다.
막걸리는 / 아침에 한 병(한 되) 사면
한 홉짜리 적은 잔으로 / 생각날 때만 마시니 / 거의 하루 종일이 간다.

맥주는 / 어쩌다 원고료를 받으면 / 오백 원짜리 한 잔만 하는데
마누라는 / 몇 달에 한 번 마시는 이것도 마다한다.

(중 략)

막걸리는 술이 아니고 / 밥이나 마찬가지다.
밥일 뿐만 아니라 / 즐거움을 더해주는 / 하나님의 은총인 것이다.'

약주를 떠내고 남은 지게미에 물을 부어 걸러낸 술이란 뜻에서 박주(薄酒)라고 부르기도 한다, 박은 엷다, 박하다, 맛이 없다는 뜻이다.

큰 술잔으로 마시는 술이란 뜻의 '대포'란 말도 막걸리를 표시하는 말이다.

모주(母酒)는 약주를 떠내고 남은 술지게미에 물을 부어 걸러내 인삼, 당귀, 대추, 계피 등을 넣어 끓여 낸 술이다.

인목대비 어머니 노씨의 제주도 유배 시 인근 술집의 '방문주'를 뜨고 남은 지게미를 얻어 물을 탄 막걸리를 팔아 생계를 유지했다는 데서 유래되었다는 '대비 모주설'이 전해지고 있다.

청주. 약주

술이 익으면 술덧에 용수를 박고 침전물을 가라앉혀 맑은 술을 떠내는 것이 청주이다. 처음 떠 내는 술을 본주(本酒)라 하고, 나중에 떠 내는 술을 후주(後酒)라고 한다. 처음에 뜬 술보다 나중에 떠낸 술이 더 맛이 좋으므로 섞어서 마시는 것이 고른 맛을 낼 수 있다.

청주는 중국, 한국, 일본 등 동아시아에서 맑은 술을 지칭하던 공통의 이름이었다.

일제강점기에 주세법을 시행하면서 일본식으로 빚는 맑은 술은 청주라 하고, 누룩을 사용하여 전통방식으로 빚는 청주를 약주라고 했다. 그것이 해방 후 지금까지도 이어지고 있다.

약주란 명칭은 근래까지 술에 대해 예의를 갖춘 점잖은 표현으로, '약주 한 잔 하실까요?'란 말은 소주까지 포함하여 술의 종류에 관계없이 사

용되었고, 한편으로는 약재를 넣어 빚은 술을 의미했다.

서성(호: 약봉)의 어머니(고성 이씨)가 약현에서 빚던 술이 유명해져서 '약현에서 빚던 술'이 줄어서 '약주'가 유래되었다는 설과 금주령시대 사대부들이 금주령을 피해 약으로 먹던 술이라는 설이 있으나, 조선 중기까지 한양을 중심으로 약주가 청주를 대표하는 고급명칭으로 불리어졌다.

전통주를 배운 사람이 전통주 '약주' 제조 면허를 신청하며 '청주'로 기록했다는 일화는 그냥 웃어넘길 일이 아니다.

술병에 전통청주라고 표시하고 그 아래 '약주'라고 작게 써 놓은 것을 눈여겨본 적이 있는가? 약주란 명칭이 어쩐지 청주에 비해 격이 떨어지는 느낌은 필자 혼자만의 생각일까? 탁주의 반대개념이 청주인데 약주로 획일화시켜서 국민들도 혼란스럽다. 누룩을 사용한 맑은 술이 청주가 아니고 약주라는 걸 아는 국민은 얼마나 될까?

증류식 소주, 희석식 소주

소주(燒酒)는 불로 끓인 술이란 의미이다. 전분질 재료를 원료로 하여 만든 발효주를 단식증류기로 증류한 것이 증류식 소주이다.

희석식 소주(燒酎)는 연속식증류기로 증류한 95% 주정을 물로 희석한 것이다. 주정에 물을 희석하면 쓴맛이 난다. 풍미도 없으므로 감미료 등

조미를 하여 맛을 낸 소주를 말한다.

소주(燒酒)는 증류식 소주, 소주(燒酎)는 희석식 소주를 말한다. 전통소주인 소주(燒酒)를 일제강점기 시절 알코올 농도가 높다는 뜻에서 술주(酒)자 대신 '세 번 고아 내린 술'이란 뜻의 주(酎)를 쓰기 시작했다.

종전 주세법에는 전통소주인 증류식 소주와 희석식 소주로 분리되어 있었다. 2013년 주세법 개정 시에 소주(燒酒)로 통합하여 전통소주의 가치조차 묻어 버렸다. 이렇게 하고 무슨 전통주를 활성화시킨다고 하는지 모를 일이다.

증류식 소주는 불로 끓였다 하여 화주(火酒), 색갈이 희다고 백주(白酒), 이슬처럼 내린 술이라 하여 노주(露酒), 땀처럼 흘러 내렸다고 하여 한주(汗酒), 아랍에서 전수된 술이라 해서 아락주, 효모가 죽은 술이라 하여 사주(死酒), 전통방법으로 내린 술이라 하여 재래식 소주라고도 불린다.

고려시대 소주는 부자들이 즐기던 술이었다. 조선시대에도 소주는 사대부들이 즐기는 사치품이었으며, 약용 목적으로도 사용되었다.

> 조선왕조실록은 단종 즉위년(1452년)에 황보인, 김종서 등이 문종의 거상(居喪) 시 단종께 소주를 권했다고 기록하고 있다.
> '무릇 사람이 비록 장성한 나이로 있더라도 거상을 하면 반드시 마음이 허하고 기운이 약하게 되는데, 지금 주상께서 나이 어리시고 혈기가 정하지 못 하시니, 청컨대 타락을 드소서. 또 바야흐로 여름 달이어서 천기가 찌고 무더우니, 또한 청컨대 소주를 조금 드소서' 하니 그대로 따랐다.

2. 우리 술 빚기 공정

- 술 빚기 공정

    단양주
    쌀 씻기 ⋯ 헹굼 ⋯ 침지 ⋯ 헹굼 ⋯ 물 빼기 ⋯ 고두밥 ⋯
    냉각 ⋯ (고두밥+물+누룩) 혼화 ⋯ 입항 ⋯ 발효관리 ⋯ 술 거르기

    이양주
    ·밑술
    쌀 씻기 ⋯ 헹굼 ⋯ 침지 ⋯ 헹굼 ⋯ 물 빼기 ⋯ 쌀 가루내기 ⋯
    재료의 처리(죽, 범벅, 구멍떡, 백설기 등) ⋯ 필요시 탕수 부어 냉각 ⋯ (재료
    + 누룩) 혼화 ⋯ 입항 ⋯ 발효관리

    ·덧술
    (쌀 씻기 ⋯ 물 빼기) 밑술공정과 동일 ⋯ 고두밥 ⋯ 냉각 ⋯ (밑술+
    고두밥) 혼화 ⋯ 입항 ⋯ 발효관리 ⋯ 청주 채주 ⋯ 탁주 거르기

쌀 씻기(세미) ⋯ 헹굼

〈조선무쌍신식요리 제법〉에서 술 빚기의 쌀 처리를 여섯 글자로 표현하고 있다.

백세침숙대냉(百洗浸宿待冷)

쌀을 백 번 씻고 하룻밤 재워 차게 식힌다는 의미다.

쌀 씻기

헹구기

쌀을 깨끗이 씻는 이유는 발효에 좋지 않은 영향을 미치는 단백질이나 지방 등을 제거하고, 쌀 표피에 붙어있는 이물질 등을 제거해 주는데 목적이 있다.

쌀이 깨지지 않게, 깨끗하게, 빠른 시간에 씻는 것이 포인트다. 물을 부어 한번 헹구어 낸 후 물을 채워 손바닥을 양푼 바닥에 대고 한쪽 방향으로 돌려준다. 원심력과 구심력에 의하여 쌀끼리 부딪치며 씻어진다. (필자의 경우 333회 씻는다.)

씻기가 끝난 후에는 맑은 물이 나올 때까지 헹구어 주어야 한다. 이때에는 쌀알이 물을 어느 정도 흡수한 상태이므로 쌀을 손으로 만지면 깨지기 쉬우므로 물로만 헹구어야 한다.

혹자는 도정기술의 발달로 백세를 하지 않아도 된다고 한다. 깨끗하게 씻지 않은 쌀로 빚은 술은 발효과정에서도 거품이 많이 생기고, 맛도 깔끔하지 못하다.

일본 사케의 경우 양조용 쌀을 왜 50% 이상 깎아내어 최고급 술을 빚는지 곰새겨 볼 일이다.

쌀 불리기(침지) ⋯ 헹굼 ⋯ 물 빼기

쌀 씻기 후 물에 불리는 것은 좋은 고두밥을 만들기 위한 전 단계 작업이다. 보통 침지 후 2시간 정도이면 침지가 완성된다. 그러나 침지시간을 좀 더 오래 하는 것은 쌀의 호화도를 높여주기 위해서다.

고두밥용의 쌀은 6~8시간 침지하고 가공목적으로 쌀가루를 내기 위한 목적이라면 3~4시간 침지한다. 보통 여름에는 6시간, 봄.가을에는 7시간, 겨울에는 8시간 침지한다.

쌀 불리기

감향주(甘香酒)의 경우처럼 3일 동안 침지하여 쌀을 부식시켜 양조에 이용하는 경우도 있지만 너무 오랫동안 물에 담가두는 경우 수용성 미네랄 성분이 빠져나와 발효를 저해할 수도 있다.

침지 후에도 쌀을 헹구어 용출된 수용성 물질이나 쌀뜨물, 씨눈 등을 제거해 주는 것이 좋다. 이 때에는 쌀이 물을 흡수하여 조직이 약하므로 더욱 조심해야 한다.

물 빼기

헹굼한 후에 30분~1시간 물 빼기를 하여 쌀가루를 내거나 고두밥 짓기로 넘어간다.

고두밥 짓기(증미, 증자) ···▸ 고두밥 식히기

고두밥을 짓는 이유는 쌀의 호화도를 높이고 살균함에 목적이 있다. 고르게 잘 익은 고두밥을 만드는 것은 의외로 쉽지 않다.

시루 물이 끓을 때 쌀을 안치고 김이 나면 40분 정도 찐다. 쌀을 뒤집기한 후에 찬물을 살수하고 15분 정도 뜸을 들인다. 멥쌀의 경우에는 고두밥 찌기와 뜸 들이기 시간을 5~10분 정도 더 늘린다.

고두밥 짓기

고두밥 식히기

• 고두밥 짓기 순서

1. 불린 쌀을 물 빼기 할 때 시루를 씻어 물에 불린다.
2. 솥을 씻어 시루물을 붓고 시루를 얹은 후 불을 켠다.
3. 시루밑을 깔고 시루보를 물에 적셔 간다.
4. 시루번을 붙인다. 밀가루를 반죽하여 사용하거나 랩을 이용한다.
5. 시루 물이 끓을 때 쌀을 안친다. 가운데를 가장자리보다 약간 낮게 안친다.
6. 시루 위에 면보를 덮는다
7. 한 김 나고부터 시간을 측정한다.
    쌀의 양에 따라 김이 나는 시간이 다르다. 쌀을 안치고부터 시간을 측정하면 안 된다.
    보통 15~20분 후에 김이 나기 시작한다.
8. 김이 나고 40분 찐다. 고두밥을 주걱으로 뒤집어 준다.
9. 찬 물을 뿌려주고 김이 나고부터 15분 뜸을 들인다.
10. 고두밥을 고르게 펼치고 뒤집어 주어 빠른 시간에 식힌다.

• 시루밑물

시루밑물의 양은 솥의 크기에 따라 달라진다. 밑이 넓은 경우 많이 소요되며 반대의 경우는 적게 소요된다. 들통 등을 이용하여 고두밥을 짓는 경우 쌀이 물에 닿지 않도록 조심해야 한다.

고두밥을 뒤집기 한 후에 하는 살수는 열 충돌에 의하여 고두밥이 고르게 익도록 하는데 목적이 있다.

술 빚기에 물을 사용하지 않거나 적게 사용하는 동정춘, 하향주, 감향주의 경우는 무른 고두밥을 짓기 위하여 살수량을 150%로 한다.

	멥쌀 4kg	멥쌀 8kg	찹쌀 4kg	찹쌀 8kg
시루밑물	8L	9L	7L	8L
살수량	1L	2L	0.5L	1L

혼화하기

　고두밥에 누룩을 넣어 혼화하는 이유는 누룩 미생물을 빠르게 활성화시켜 발효를 촉진시키기 위해서이다. 혼화를 적게 하는 경우에 발효가 더디 잡균의 침투로 산패하기 쉽고 너무 오래하면 당화가 빠르게 진행되어 좋은 술을 기대하기 어렵다. 술 빚는데 사용되는 물의 양, 누룩의 사용량, 전분질 재료의 가공형태, 혼화의 숙련도 등에 따라 혼화시간은 달리해야 한다. 일반적으로 전분질 대비 급수율이 80% 이상인 경우 20~30분 혼화하며, 술 빚는 사람의 경험에서 치대는 시간을 달리 할 필요가 있다.

　물을 전혀 사용하지 않는 동정춘 덧술의 경우 3~4시간 혼화를 해야 한다.

　혼화가 끝나면 발효용기에 담고 술덧을 꼭 눌러준 후에 술독 안쪽을 깨끗한 수건으로 닦아내야 한다. 낱알 상태의 술덧은 잡균에 오염되기 쉽다.

　술덧의 입항이 끝나면 면보를 덮고 고무줄로 묶어준 후에 뚜껑을 덮어준다. 술독에는 주품명, 술 빚은 날짜 등을 기록하여 붙여 놓는다.

　술독은 술독받침대 위에 얹어 발효실 바닥의 온도가 발효에 직접적인 영향을 미치지 않도록 해 주는 것이 좋다.

발효용기에 담기

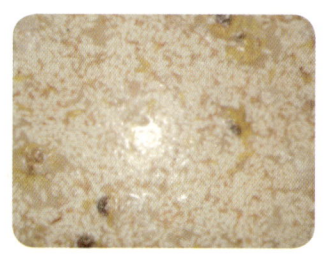
숙성중인 술덧

발효관리

발효온도는 발효에 크게 영향을 끼친다. 보통 25도에서 발효관리한다.

주발효는 발효온도나 재료의 처리상태에 따라 다르지만 단양주나 고두밥을 사용하는 덧술의 경우 2~3일 사이에 일어난다. 술이 끓어올라 탄산가스 배출이 활발하고 용수를 많이 사용하는 경우에는 술덧이 뒤집히며 끓어오르는 상태를 말한다.

주발효 상태에서 술독의 품온이 올라가 32도 이상 올라가게 되면 효모의 활동이 약해지고 사멸될 수 있으므로 냉각이 필요하다. 술독 뚜껑을 열고 빠르게 식혀주는 것이 좋다.

냉각 후에는 18~20도 정도에서 후발효시킨다. 일반적으로 명주란 100일주를 말하며, 낮은 온도에서 후발효와 숙성을 시키면 더 좋은 술을 얻을 수 있다.

술 거르기(채주)

술이 완성되면 채주를 한다. 술덧의 양면이 가라앉고 술이 고이거나 탄산가스 배출이 없고, 좋은 냄새가 나면 채주할 시기다.

청주를 취할 경우에는 용수를 박아 2~3일 후부터 맑은 술을 떠낸다. 청주는 앙금을 가라앉혀 2~3회 옮겨 담으면 좋은 술을 얻을 수 있고 장기보관도 가능하다. 보통 30% 수준의 청주를 떠내고 거르면 청주와 탁주를 얻을 수 있다. 청주를 많이 떠내면 탁주가 너무 걸어진다.

발효중인 술덧

청주채주

체로 술 거르기

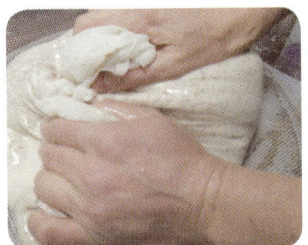
주대로 술 거르기

    단양주의 경우 청주를 떠내지 않고 고운체나 거름망을 이용하여 술을 거르면 질 좋은 탁주를 얻을 수 있다. 탁주는 물을 부어 거를 수도 있다. 이 경우 알코올 도수가 낮아져 쉽게 산패되기 쉬우므로 원주 상태로 마시는 것이 좋다. 알코올 도수가 낮은 술을 원한다면 음용하기 2~3일 전에 가수하여 두었다가 마시면 좋다.

    처음 술 빚기에서 체가 없어 이중 면수건을 잘라 막걸리를 걸렀다. 거름망도 몰라 체를 이용하여 술을 걸렀다. 술 빚기보다 술 거르기가 너무 힘들다고 투덜거렸다. 술을 함께 배운 공학박사가 간이 술 거르는 기계를 만들어 왔다. 몇 번 사용해 보았지만 불편하여 지금은 고이 모셔두고 있다. 그 마음이 너무 고맙다.

    지금은 거름망을 이용하여 아주 편하게 술을 거른다.

3. 밑술 재료의 처리

이양주 이상의 술을 빚는 경우에 밑술을 빚어 덧술할 때 사용한다. 덧술을 만들 때 고두밥보다는 쌀가루를 내어 죽, 범벅, 구멍떡, 백설기 등 여러 가지 형태로 가공하여 사용한다. 전분질 재료의 호화와 당화를 촉진하고 재료별로 다양한 맛과 향이 있는 술 빚기가 가능하기 때문이다.

• 주재료 처리형태

재료 형태	술의 특징	주품명
죽	술의 양이 많고, 술이 맑고 밝다	석탄주, 청명주
범벅	알코올 도수가 높고, 방향이 강함	유하주, 벽향주
구멍떡	술의 양이 적고 방향, 단맛이 강함	이화주, 감향주, 하향주
백설기	술이 단백하고, 감칠맛	소곡주, 집성향
고두밥	다양한 향미, 술 맛이 거칠다	부의주, 백수환동주

* 이해를 돕기 위하여 '술 빚기 내용'에서 사례별로 상세설명

죽　　　　　　　　　　　범벅

구멍떡　　　　　　　　백설기

고두밥

5장 우리 술 빚기

1. 곡물을 이용한 술 빚기
2. 가향재를 이용한 술 빚기
3. 서류. 과일 등을 이용한 술 빚기
4. 술을 이용한 술 빚기
5. 과하주 및 기타 술 빚기
6. 증류용 술 빚기 및 증류하기

5장 우리 술 빚기

1. 곡물을 이용한 술 빚기

우리 술의 주재료는 쌀을 중심으로 한 전분질재료다. 쌀이 부족한 강원도나 제주도에서는 옥수수와 감자, 차조를 이용하여 술을 빚었다. 포도를 이용한 전통 포도주의 경우 포도의 부족한 당분을 쌀의 전분으로 보충하여 술을 빚었다.

가향재와 서류, 과일 등을 이용하거나 술을 이용하여 술을 빚는 것도 주재료는 쌀이다. 이해의 편의성을 위하여 내용을 별도로 구분하였다.

- 멥쌀과 찹쌀의 차이

구분	멥쌀	찹쌀
전분의 성분	아밀로펙틴 80%내외 아밀로오스 20%내외	아밀로펙틴 100% (아밀로오스 5%이하)
전분의 결합	아밀로오스 : 일직선형 구조	가지가 많은 사슬형 구조
당화과정	늦다	빠르다
전분의 호화	늦다	빠르다
전분의 노화	빠르다	늦다
술맛	드라이한 맛	묵직하고 감칠맛 전분이 비발효성 당으로 일부 남게 됨

5장
우리 술 빚기

동양주(冬陽酒, 東陽酒)

동양주는 겨울철에 동향으로 술독을 앉히고 따뜻하게 빚는 술이다. 물 없이 빚거나 물을 매우 적게 넣어 빚는 술로 술맛이 매우 달고 자두향이 풍긴다. 여름철에 빚을 때에는 초기 발효가 더디어 산패하기 쉬우므로 중탕을 하는 등 따뜻하게 발효시켜 당화가 조기에 일어나도록 관리하여 주어야 한다.

동양주 빚기

• 재료
밑술: 멥쌀 500g, 누룩가루 500g, 물 0.5L
덧술: 찹쌀 2.5kg, 멥쌀 2.5kg

• 술 빚기
밑술

1. 쌀을 깨끗이 씻어 3~4시간 물에 불린다.
2. 쌀가루를 내어 체에 한번 내려준다.
3. 익반죽하여 구멍떡을 만들어 삶아낸다.
4. 구멍떡에 물을 넣고 잘게 부수어 식힌다.
5. 누룩을 넣고 고르게 혼화한다.
6. 술밑을 술독에 담아 3~5일 발효시킨다.

• 구멍떡 만들기

1. 쌀 씻기 → 2. 쌀 불리기 → 3. 물 빼기
4. 쌀가루 내기 → 5. 체에 내리기 → 6. 반죽하기
7. 구멍떡 만들기 → 8. 구멍떡 삶기 → 9. 구멍떡 으깨기

덧술

1. 쌀을 깨끗이 씻어 6~8시간 물에 불린다.
2. 멥쌀을 찜기에 안쳐 한 김이 난 후에 찹쌀을 안쳐 고두밥을 만든다.
3. 고두밥이 따뜻할 때 밑술을 붓고 고르게 혼화한다.
4. 술독에 술밑을 담아 발효관리한다.

• **찹쌀과 멥쌀을 혼합한 고두밥 짓기**

찹쌀과 멥쌀을 함께 사용하는 술은 호화도가 같은 고두밥을 만들어야 한다. 고두밥을 멥쌀과 찹쌀을 따로 짓는다. 번거로워 함께할 경우에는 멥쌀을 먼저 안쳐 한 김 나고 나서 살수를 한 후에 찹쌀을 앉혀 고두밥을 짓는다. 따로 찌는 경우에는 멥쌀고두밥을 먼저 쪄 깨끗한 천 등으로 덮어 마르지 않게 해 주고 찹쌀고두밥을 찐다.

동정춘(洞庭春)

중국 동정호는 아름다운 경관과 함께 악양루가 있어 잘 알려진 호수다. 많은 문인들과 화가들이 동정호에서 시를 읊고 풍류를 즐기며 마시던 술이 동정춘이다. 주선(酒仙)이며 시선(詩仙)이었던 동파의 동청춘에 대한 감상은 더 이상의 표현이 필요 없을 듯하다.

> • 소동파의 동정춘 시 감상
>
> 지난 해에 마셨던 동정춘의 향내가 아직도 손에서 난다.
> 금년의 동정춘은 옥빛처럼 술이 아닌 것만 같네
> 병 속의 향기는 방에 가득하고 술잔의 빛은 문 창에 비친다.
> 좋은 이름을 붙이고 싶을 뿐 술의 양은 묻고 싶지 않네
>
> (중략)
>
> 그대여!
> 그 잔에 넘실넘실하게 부어 나의 친구도 마시게 해 다오.'

동정춘은 밑술이 되는 쌀가루 반죽에 들어가는 물(약 500~600ml)과 삶거나 쪄낼 때 흡수되는 물만으로 빚는 술이다. 밑술을 빚을 때도 힘이 들지만, 덧술을 빚을 때는 더욱 힘들다.

덧술을 빚을 때 4시간이나 혼화를 하고 나니 양손에 쥐가 났다. 젓가락조차 들지 못하던 기억이 새롭다. 이러한 노력과 사용한 쌀량에 비하여 얻은 술은 그 양이 터무니 없이 적다. 물 없이 빚어 술이 입에 붙는 무게감이 있다. 나무향이나 과일향이 난다고도 했다. 형님은 초콜릿을 넣어 술을 빚었냐고 했다. 노모는 이것은 내 술이라며 좋아하신다. 네 살 손자 녀석은 한 숟가락 받아 마시며 '요플레 술'이라며 묘하게 미소 지었다. 나도 술을 마셨다는 성취감 때문이었을까? 힘든 줄 알면서도 다섯 번이나 빚었던 이유다.

국순당에서 추석이나 설 명절 때 한정상품으로 동정춘이 상품화되었다. 550mL 1병에 50만원이니 언감생심 시음은 꿈도 못 꾸겠다.

동정춘 마시며 시음평도 하지 못한 친구들. 이제라도 '좋은 술 마셨구나' 생각이라도 했으면 좋겠다.

동정춘 빚기

• 재료
밑술: 멥쌀 550g, 누룩가루 400g,
덧술: 찹쌀 5.5kg,

• 술 빚기
밑술
1. 쌀을 깨끗이 씻어 3~4시간 물에 불린다.

2. 쌀을 건져 물을 뺀 후에 곱게 가루 내어 체에 내린다
3. 쌀가루를 익반죽하여 커다란 구멍떡 3개를 만든다.
4. 구멍떡을 삶아낸다.
5. 구멍떡을 으깨어 차게 식힌다.
6. 누룩을 넣고 고르게 혼화한다.
7. 술밑을 술독에 담아 3~5일간 발효시킨다.

- **밑술 요령**

    1. 무르게 구멍떡 3개를 만든다.
    2. 방문에는 물 1사발(약570~700ml)에 삶는 것으로 되어 있으나 이 양으로는 삶아낼 수가 없다.
        ⋯ 3L의 물에 쪄 내거나 10L 물에 삶아낸다.
    3. 삶은 구멍떡을 따뜻할 때 으깬다.
    4. 으깬 구멍떡은 뚜껑을 덮어 냉각시킨다.
    5. 누룩은 쌀가루 내리는 중간 체에 쳐서 누룩가루를 사용한다.

구멍떡 만들기

구멍떡 삶기

구멍떡 으깨기

덧술

1. 찹쌀을 깨끗이 씻어 6~8시간 물에 불린다.
2. 쌀을 건져 물기를 빼어 무르게 고두밥을 짓는다.
3. 고두밥을 차게 식힌다.
4. 밑술을 조금씩 발라가며 고르게 혼화한다.
5. 술독에 술밑을 담아 3일간은 따뜻하게 발효관리한다.
6. 주발효 후 20~25도에서 관리한다.

- **덧술 요령**

    1. 고두밥 지을 때 한 김 나고 물을 충분히 뿌려 무르게 고두밥을 짓는다.
    2. 적은 밑술 양으로 고두밥을 혼화하는 것은 무척 어렵다.
       일반적인 덧술 방법으로 밑술을 일시에 부어서는 혼화를 할 수 없다.
       ⋯ 손으로 밑술을 발라가면서 조금씩 치대어 주어야 한다.
    3. 고두밥이 약간 따뜻할 때 밑술을 넣고 치대준다.

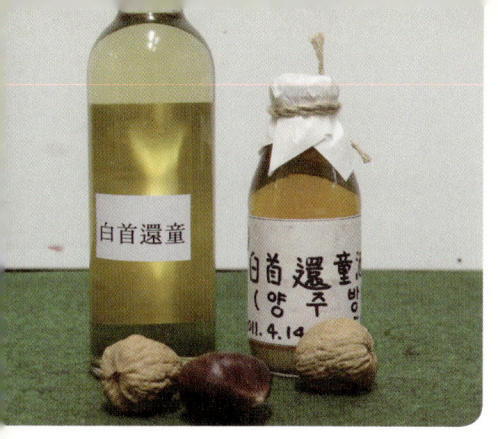

백수환동주(白首還童酒)

백수환동주는 백수환동곡으로 빚는 단양주다.

일반적인 누룩이 밀이나 쌀인데 비하여 백수환동곡은 녹두와 찹쌀로 빚는다. 녹두는 맛이 달고 성질은 차다. 열을 내려주고 더위로 생긴 병을 없애주고 해독작용을 한다. 효능은 더위 먹음, 부종, 이뇨, 각기, 피부병, 종기, 여드름, 전립선염, 약물중독, 구토 등에 효과가 있다.

이 술에 대한 기록은 〈양주방〉, 〈승부리안 주방문〉에 있다. 방문에는 누룩 빚는 법, 술 빚는 법과 함께 술의 효능까지도 기록하고 있다.

- **〈승부리안 주방문〉 백수환동주 효능**

  이 술의 또 다른 이름은 '상천삼원춘(上天三元春)'이니, 상천의 세 가지 으뜸 봄이란 뜻이다.

  맛이 입에 머금은 후에는 삼키기 아까울 뿐 아니라 사람에게 극히 보익하다. 온갖 병을 물리치고 골수를 꽉 차게 하니 허약한 사람에게 좋다. 기가 쇠한 사람에게는 구하지 못할 큰 약이다. 이 술 한 말에 그 수명이 한 기(其間)를 더 하는데 한 기는 열두 해이다.

  하늘나라의 비밀스러운 방문이니 너무 헛되이 세상에 전하여 사나운 사람으로 하여금 배우게 말라.

백수환동주 빚기

•재료

찹쌀 5.4kg, 백수환동곡 800g, (물 20L)

•술 빚기

1. 찹쌀을 백세하여 6~8시간 물에 불린다.
2. 물 20L를 끓여 차게 식혀둔다.
3. 고두밥을 만들어 냉수 20L로 차게 식힌다.
4. 고두밥에 누룩을 넣고 고루 치댄다.
5. 주발효 3일은 30도 정도로 따뜻하게 발효 시킨다.
6. 주발효 후 20~25도에서 발효관리한다.

•고두밥 식히기

양푼 위에 체다리를 놓고 시루채 올려 찬물을 뿌리면서 주걱으로 섞어준다.
양푼으로 뚜껑을 덮어 자연 냉각 시킨다.
뚜껑을 덮는 이유는 물 없이 빚는 술이므로 수분증발을 방지하기 위해서다.

법주(法酒)

법주는 사찰 주변에서 빚다가 일반에게 전파된 술이다. 민가에 전래되면서 생활수준에 따라 술 빚는 방법이 다양하게 변화하게 되었다. 사대부나 상류층에서는 밑술 재료를 찹쌀로 사용하고, 중류층에서는 멥쌀을 사용하였다. 상류층이나 중류층에서 빚는 방법을 정미법주라 하고, 하류층에서 수수를 밑술로 사용하는 방법을 고량법주, 기장으로 빚는 것을 속미법주라 한다.

법주란 '법식대로 빚은 술'을 말한다.

문화재(중요무형문화재 제86-다호)로 지정된 교동법주는 조선 숙종시대 사옹원 참봉(종6품)으로 일하던 최국선 옹이 낙향하여 사가에 전수되고 경주 최씨 가양주로 정착된 술이다. 명가에 명주가 탄생된 것이다.

법주 빚기

- **재료**

  밑술: 찹쌀 600g, 누룩 400g, 물 3.5L
  덧술: 찹쌀 4kg, 누룩 200g, 물 1L

- **술 빚기**

  밑술
  1. 찹쌀을 깨끗이 씻어 3~4시간 물에 불린다.

2. 찹쌀을 가루 내어 체에 내린다.
3. 죽을 쑤어 차게 식힌다.
4. 식힌 죽에 누룩을 넣고 고르게 혼화한다
5. 술독에 담아 3~5일간 발효시킨다.

• 죽 쑤는 요령

1. 쌀 불리기 → 2. 물 빼기 → 3. 가루내기
4. 체에 내리기 → 5. 죽 쑤기 → 6. 죽 식히기

많은 양의 죽을 쑤는 경우에 전체 물량에 쌀가루를 넣고 죽을 쑤게 되면 쌀가루가 뭉치고 고르게 익히기가 쉽지 않다.
술 빚기에 사용하는 20%의 따뜻한 물에 쌀가루를 먼저 고르게 풀어 애벌 죽을 만들고, 물이 끓으면 조금씩 부으면서 죽을 쑤면 고르게 익힐 수 있다.
죽 쑤는 용기 바닥에 타거나 눌은 죽을 사용하면 술로 냄새가 옮겨지므로 사용하지 않는다.

덧술

1. 쌀을 깨끗이 씻어 6~8시간 물에 불린다.
2. 고두밥을 지어 차게 식힌다.
3. 고두밥에 밑술, 물, 누룩을 넣고 고르게 혼화한다.
4. 술밑을 술독에 담아 25도에서 발효시킨다.
5. 주발효 후 18도 이하에서 발효관리한다.

교동법주

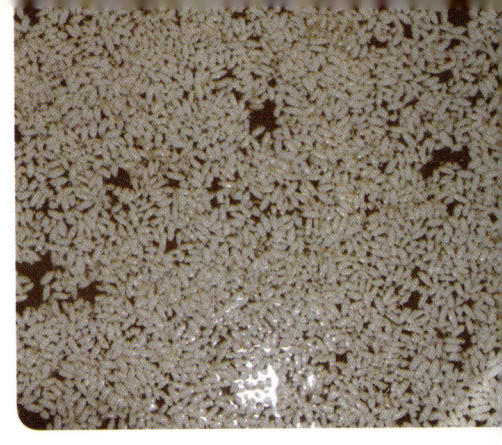

부의주(浮蟻酒)

부의주는 일반적으로 더운 여름철에 빚는 대표적인 단양주다. 발효 후에 밥알이 동동 뜬다고 하여 '개미가 물위에 뜬 것 같다'는 의미에서 부의주라 이름이 붙었다. 부의주 보다는 '동동주'로 더 잘 알려진 술이다.

여름철에는 더위와 높은 습도 등으로 술 빚기가 어려운 계절이다. 누룩을 '수곡' 처리하여 사용하면 발효 초기 잡균의 침입을 예방하고 좋은 술을 빚을 수 있다.

- **수곡(水麯)처리 방법**

  끓여서 식힌 물에 누룩을 5~7시간 담가 미리 미생물의 활성화를 시켜 술 제조시 사용하는 것을 말한다.

  수곡 처리는 누룩 속에 있는 젖산균이나 유기산 등 미생물의 활성화를 통해 발효초기 잡균에 의한 오염을 방지하고 원활한 발효를 도모할 수 있다. 수곡처리 시 누룩을 제거하고 사용하면 술 색깔이 깨끗하고 깔끔한 술 맛을 느낄 수 있다. 수곡상태의 누룩을 함께 사용하면 풍미가 다양한 술을 빚을 수 있다.

  수곡 처리 시에 물은 양조용수의 일부(20~30%)를 사용하고 술 빚기에서 수곡에 사용한 물의 양만큼 제외시켜야 한다.

부의주 빚기

- **재료**

    찹쌀 4kg, 누룩 400g, 물 3L

- **술 빚기**

    1. 찹쌀을 깨끗이 씻어 6~8시간 물에 불린다.
    2. 물을 끓여 차게 식힌다.
    3. 식힌 물에 누룩을 넣고 5~7시간 담가둔다.
    4. 고두밥을 만들어 차게 식힌다.
    5. 수곡한 누룩을 체에 바치거나 자루에 넣어 누룩 물을 짜낸다.
       (수곡 상태의 누룩을 함께 사용해도 된다)
    6. 고두밥에 누룩 물을 넣고 고르게 혼화해 준다
    7. 소독한 용기에 넣고 발효관리한다.

삼해주(三亥酒)

삼해주(소주)

삼해주는 사대부와 부유층에서 빚어 마시던 춘주(春酒)로 고급약주다. 새해 첫 해일에 술을 빚어 밑술과 덧술, 2차 덧술을 돼지날인 매 해일(亥日)에 빚어 낮은 온도에서 발효시키는 삼양주다.(한 달 간격으로 돌아오는 해일에 세 번 빚는 방법도 있다.) '한겨울에 빚어 버들가지가 피어날 때인 봄에 술이 익는다'하여 유서주(柳絮酒)라고도 불린다.

실온의 저온에서 발효시킬 수 있는 공간이 여의치 않다. 밑술과 1차 덧술은 냉장고에서 저온으로 발효시켰다. 2차 덧술까지 하고 나니 용기가 커져 냉장고에 넣지 못하고 20도에서 발효관리했다.

삼해주 약주와 소주는 서울지방의 문화재(서울시 무형문화재 제8호)로 지정되어 있다.

삼해주 빚기

• 재료

밑술: 멥쌀 800g, 백곡 500g, 물 1.5L
1차 덧술: 멥쌀 1.6kg, 밀가루 100g, 물 3.5L
2차 덧술: 찹쌀 3kg, (물 2.5L)

• 술 빚기

밑술
1. 쌀을 깨끗이 씻어 3~4시간 물에 불린다.
2. 곱게 쌀가루를 내어 끓는 물을 붓고 범벅을 만든다
3. 범벅을 뚜껑을 덮어 자연냉각시킨다.
4. 누룩을 넣고 고르게 혼화한다.
5. 술밑을 술독에 담아 12일간 발효관리한다.

1차 덧술
1. 쌀가루, 밀가루를 섞은 후 끓는 물을 부어 범벅을 만든다.
   ⋯▸ 1.6kg의 쌀을 물 1L로 범벅을 만들 수 없어 2차덧술에 사용하는 물 2.5L를 1차 덧술에 사용하였다.
2. 범벅을 차게 냉각한다.
3. 범벅에 밑술을 붓고 고르게 혼화한다.
4. 술밑을 술독에 붓고 12일간 발효관리한다.

2차 덧술
1. 쌀을 깨끗이 씻어 6~8시간 물에 불린다.
2. 고두밥을 지어 차게 식힌다.
3. 고두밥에 1차 덧술을 넣고 고르게 혼화한다.
4. 술밑을 술독에 담아 발효관리한다.

- **삼해주 발효관리**

  삼해주는 새해 첫 해일부터 12일 간격 또는 36일 간격으로 3번에 걸쳐 빚는 저온 발효주이다. 낮은 온도에서 정상적인 발효가 어려우므로 발효관리에 신경을 써 주어야 한다.

삼해주(청주)

석탄주(惜呑酒)

맛과 향이 뛰어나 '차마 삼키기가 아깝다'는 술이다. 석탄향(惜呑香), 석탄향방(惜呑香方), 석탄주(惜呑酒), 성탄향(聖呑香)이란 이름으로 여러 고문헌의 기록에 나타나고 있다. 술 맛과 향이 좋아 대중화되었던 술이다.

떡 중에도 석탄병(惜呑餠)이 있다. 멥쌀가루에 감가루를 섞고 잣가루, 민생강, 계핏가루, 대추, 밤 등을 넣어 만든 석탄병도 '차마 삼키기 아까울 정도로 맛이 있다'고 하여 붙여진 이름이다.

고문헌에 나타난 술빚기 방문을 보면 석탄주와, 황금주 제조법이 같다. 황금주는 신라시대부터 유래된 술로 알려져 있다. 〈수운잡방〉 진상주(進上酒)의 경우에도 누룩의 사용량만 다를 뿐 석탄주와 제조법이 일치하고 있다

- **석탄주 안주**

    차마 삼키기 어려운 석탄주와 궁합이 맞는 안주는 무엇일까? 한식 장인 임택 고문이 직접 만든 '야채 감자 샐러드'를 추천했다. 감자와 채소 등을 이용한 요리는 화려한 데커레이션에 차마 흩트러서 먹을 수 없었다. 여러 가지 채소가 들어 있어 담백하고 석탄주 청주와 조화를 이루었다.

석탄주 빚기

- **재료**

  밑술: 멥쌀 550g, 누룩가루 450g, 물 5.7L
  덧술: 찹쌀 5.5kg

- **술 빚기**

  ### 밑술

  1. 멥쌀을 깨끗이 씻어 3~4시간 물에 불린다.
  2. 불린 쌀을 곱게 가루 내어 중 체에 내린다.
  3. 죽을 무르게 쑤어 차게 식힌다
  4. 누룩가루를 넣고 고르게 혼화한다
  5. 술밑을 술독에 담아 3~5일 발효시킨다.

  ### 덧술

  1. 찹쌀을 깨끗이 씻어 6~8시간 물에 불린다.
  2. 불린 쌀을 물에 헹구어 물을 뺀 후 고두밥을 짓는다.
  3. 고두밥을 차게 식힌다.
  4. 고두밥에 밑술을 붓고 고르게 혼화한다.
  5. 술밑을 술독에 담아 발효관리한다.

석탄주는 운이 좋게도 2012년 9월 16일 인문학습원 '서울학교'의 효창공원 기행시 김구선생 묘소에 참배주로 오르는 호사를 누렸다.

소곡주(小麯酒)

소곡주는 누룩을 적게 사용하는 술이다. 누룩을 적게 사용하므로 순하고 부드러우며 감미와 감칠맛이 있다.

고문헌에는 소곡주 제조방법으로 죽이나 범벅, 백설기로 빚는 것이 소개되어 있다.

같은 제조방법인데 〈산가요록〉에는 소국주(小麴酒), 〈음식디미방〉에서는 소곡주(小麯酒)로 주품명이 되어 있다.

한산 소곡주는 한번 앉아서 마시면 일어나지 못할만큼 취한다고 하여 '앉은뱅이' 술로도 불린다. 백제 멸망 후에 한산 건지산 주류성에서 백제 유민들이 소곡주를 빚어 그 한을 달랬다고 전해진다.

한산지방에서 빚고 있는 한산 소곡주(素麯酒)는 충남무형문화재 제3호로 지정되어 있으며, 동자북 마을에서도 소곡주를 빚고 있다.

소곡주 빚기

• 재료

밑술: 찹쌀 800g, 누룩 400g, 물 5L
덧술: 찹쌀 4kg

• 술 빚기

밑술

1. 찹쌀을 깨끗이 씻어 3~4시간 물에 불린다.
2. 쌀을 건져 물기를 뺀 후 곱게 가루 낸다.
3. 쌀가루를 안쳐 백설기를 만든다.
4. 백설기에 탕수를 붓고 잘게 부수어 차게 식힌다.
5. 누룩을 넣고 고르게 혼화한다
6. 술밑을 술독에 담아 3~5일 발효시킨다.

• 백설기 만들기

1. 쌀가루를 낸 후 물을 고루 뿌려 중간 체에 두 번 내려준다
2. 시루바닥에 채반을 깔고, 시루 보를 깐다.
3. 시루에 안쳐 칼집을 가로 세로로 내고 김이 난 후에 안친다.
4. 시루 위에 천을 덮어 설기에 물이 떨어짐을 막는다.
5. 김이 나고 20분 정도 찌고, 5분정도 뜸을 들인다.
6. 나무젓가락으로 찔러보아 가루가 묻어나지 않으면 다 익은 것이다.
7. 설기가 식기 전에 탕수를 부어 으깨준다.

쌀가루 내리기 ········▶ 칼집 내주기 ········▶ 설기 찌기 ········▶ 설기 으깨기

덧술

1. 찹쌀을 깨끗하게 씻어 6~8시간 물에 불린다.
2. 찹쌀 고두밥을 짓는다.
3. 고두밥을 차게 식힌다.
4. 고두밥에 밑술을 붓고 고르게 혼화한다.
5. 술밑을 술독에 담아 발효관리한다.

한산 소곡주

송계춘(松桂春)

고문헌 〈주찬〉의 송계춘 방문을 보고 어떤 술일까 궁금해졌다.

부재료를 사용하지 않은 술인데 소나무 향과 계수나무 향이 난다는 술이다. 방문을 보니 일반적인 술과 달리 밑술 량이 덧술에 비하여 많다.

멥쌀 2.7kg를 가루 낸 쌀가루 3.7kg을 2.6L의 물로 범벅을 하는데 30%도 익지 않는 느낌이다. 혼화를 하면서도 이런 상태로 밑술이 제대로 될까? 의구심이 들었다. 그래도 이틀이 지나자 강한 탄산가스 냄새가 풍기며 발효가 시작되었다.

덧술 시 방문에는 물량이 명시되지 않고 죽을 쑤는 것으로 되어 있어 물량은 쌀 대비 최소량인 2배로 하였다. 술 빛깔도 예쁘고 솔 향이 나는 아주 드라이한 술이 탄생하였다. 술 좋아하는 친구들이 좋은 평가를 해준 술이다. 다시 빚어 보고 싶지만 빚는 과정이 쉽지 않아 조금 남은 술을 바라보며 머릿속에서만 그리고 있다.

송계춘 빚기

- **재료**

  밑술: 멥쌀 2.7kg, 누룩 200g, 밀가루 160g, 물 2.6L
  덧술: 찹쌀 800g, 누룩 60g, 물 1.6L

• 술 빚기

밑술

1. 멥쌀을 깨끗이 씻어 3~4시간 물에 담가둔다.
2. 쌀을 곱게 가루 내어 체에 내려준다.
3. 물을 끓여 쌀가루에 붓고 범벅을 만든다.
4. 범벅을 차게 식힌다.
5. 범벅에 누룩, 밀가루를 넣고 고르게 혼화한다.
6. 술밑을 술독에 담아 3~5일 발효시킨다.

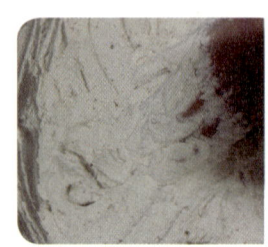

덧술

1. 찹쌀을 깨끗이 씻어 3~4시간 물에 담가둔다
2. 쌀을 곱게 가루 내어 체에 내려준다.
3. 죽을 쑤어 차게 식힌다.
4. 죽에 누룩을 넣고 1차 혼화한다.
5. 밑술을 넣고 2차 혼화한다.
6. 술밑을 술독에 담아 발효관리한다.

죽 ········▶ 덧술 2일차 ········▶ 발효관리 ········▶ 완성된 송계춘

수수로 빚은 술 - 수수(秀秀)

수수는 오곡 중의 하나이다. 세계적으로 밀, 쌀, 옥수수에 이어 네 번째로 중요한 곡식이다. 고량, 촉서라고도 한다. 수수에는 철분, 인 등의 무기질이 많이 들어 있어 빈혈개선에 도움을 주며, 콜레스테롤을 제거하여 혈액순환을 좋게 하며 혈관질환이나 각종 성인병을 예방하는 효능이 있다. 또 불필요한 체내의 노폐물과 독소를 배출하는 효능이 있어 소화불량에 좋으며 혈액생성을 도와 피부를 좋게 하고 빈혈예방에 좋다고 한다. 또한 노화방지에 효과적인 항산화성분인 폴리페놀 함량이 많다.

중국의 고량주 재료가 수수인데 독특한 강한 향이 부담스러워 아직 술을 빚을 생각을 하지 않고 지냈다. 재래시장에서 발견한 수수를 보고, 시 공부 하며 읽은 모엔의 〈붉은 수수밭〉이 생각났다. 수수로 이용하여 술을 빚으면 어떤 맛과 향이 날까 궁금해졌다.

상동 전통시장에서 국산 찰수수를 샀다. 중국산보다 붉은 색이 많고 가격이 세 배 비싸다. 국산 찰수수를 이용하여 빚은 술이 맛과 향이 세 배나 좋을지는 모를 일이다. 큰 기대를 하지는 않고 호기심에 빚은 술인데 알싸한 맛과 독특한 향이 있는 매력적인 술이 탄생하였다.

 술 이름을 수수(秀秀)라 지었다. 술 이름을 짓고 나서 역시 괜찮은 술 이름을 지었다고 혼자 웃음 지었다. 그동안 찾지 못한 빼어난 향과 맛이 있는 좋은 술이라는 생각이 들었다.

 수수 15%를 사용한 술을 시음하고 나니, 수수를 더 많이 넣어 술을 빚으면 어떨까 또 하나의 궁금증이 생겼다.

수수 술 빚기

• **재료**

 밑술 : 멥쌀 600g, 누룩 580g, 물 6.0L
 덧술 : 찹쌀 5kg, 수수 1kg

• **술 빚기**

 밑술

 1. 멥쌀을 깨끗이 씻어 3~4시간 물에 불린다.
 2. 불린 쌀을 곱게 가루 내어 체에 내린다.
 3. 끓는 물을 부어 범벅을 만들어 자연냉각 시킨다.
 4. 누룩을 넣고 고르게 혼화한다
 5. 술밑을 술독에 담아 3~5일 발효시킨다.

덧술

1. 찹쌀을 깨끗이 씻어 6~8시간 물에 불린다.
2. 수수를 깨끗이 씻어 4~5시간 물에 불린다.
3. 불린 쌀과 수수를 헹구어 물을 뺀다.
4. 찹쌀 위에 수수를 얹어 고두밥을 짓는다.
5. 고두밥을 차게 식힌다.
6. 고두밥에 밑술을 붓고 고르게 혼화한다.
7. 술밑을 술독에 담아 발효 관리한다.

신도주(新稻酒), 햅쌀 술

신도주는 그 해에 수확한 햅쌀로 술을 빚어 천신(薦新)하는 술이다. 송편과 함께 신도주를 차례상에 올린다. 신도주는 추석 때의 절기주이며, 추석놀이에 쓰이는 행사주다.

신도주란 주품명은 〈조선무쌍신신요리제법〉에 처음 등장한다. 이보다 앞서 나온 〈양주방〉에 '햅쌀 술'이 나오는데 이 술이 이름만 다를 뿐 신도주인 셈이다.

신도주 빚기

• 재료

밑술: 햅쌀 1kg, 물 2.2L, 누룩 250g, 밀가루 30g

덧술: 햅쌀 2kg, 물 1L

• 술 빚기

밑술

1. 쌀을 깨끗하게 씻어 3~4시간 물에 불린다.
2. 쌀가루를 체에 내려 백설기를 찐다.
3. 백설기에 탕수를 넣어 잘게 부수어 차게 식힌다.
4. 누룩, 밀가루를 넣고 고르게 혼화한다.
5. 술밑을 술독에 담아 3일 발효시킨다.

덧술

1. 쌀을 깨끗이 씻어 6~8시간 물에 불린다.
2. 고두밥을 짓는다.
3. 고두밥에 탕수를 부어 차게 식힌다.
4. 고두밥에 밑술을 붓고 고르게 혼화한다.
5. 술밑을 술독에 담아 발효관리한다.

• 고두밥에 탕수 사용하기

멥쌀은 당화가 늦다. 고두밥 지을 때 한 김 나고 살수를 충분히 해 준다.

이양주의 경우 양조용수를 밑술에 모두 사용하지 않고, 일부를 탕수로 하여 덧술 고두밥에 사용하여 호화도를 높여주는 것이 좋다.

고두밥이 완성되면 양푼에 담아 뜨거울 때 탕수를 부어주고, 고두밥이 물을 흡수한 뒤에 식혀서 사용한다.

오메기술

좁쌀을 가루 내어 익반죽하고 도넛처럼 가운데 구멍을 내어 떡을 만드는데 제주도에서 이것을 '오메기떡'이라 한다. 오메기술은 이 떡을 끓는 물에 삶아 만든다.

제주 서귀포시 성읍마을에서 빚는 오메기술은 제주특별자치도 무형문화재 제3호로 지정되어 있다.

지금은 차조(좁쌀) 외에 쌀을 함께 넣어 거친 맛을 줄이고 부드러운 맛을 낸다. 살균과 여과과정을 거쳐 전통방법으로 만든 생주의 맛을 보지 못하여 아쉽지만 달콤하면서 쌉싸름한 맛이 특징이다.

오메기술을 소주고리에 증류한 것이 고소리 술이다. 제주도에서 소주고리를 '고소리'라고 부른다. 고소리에 증류해서 소주를 고아내는 것을 '술 닦는다'라고 한다. 소주의 원주인 오메기술이 알코올도수가 낮아 고소리술은 알코올도수 30도로 맛이 부드러운 것이 특징이다. 고소리술은 제주도 무형문화재 제11호로 지정되어 있다.

오메기술은 차조로 빚는 단양주이다. 깊은 맛을 더하기 위하여 차조를 밑술로 하고, 덧술은 찹쌀로 하여 이양주로 술을 빚었다.

오메기술 빚기

- 재료

밑술: 차조 2kg, 누룩 450g, 물 4L
덧술: 찹쌀 4kg

• 술 빚기

밑술

1. 차조를 깨끗이 씻어 12시간 물에 불린다.
2. 차조를 곱게 가루낸다.
3. 차조가루를 익반죽하여 구멍떡을 만들어 끓는 물에 삶아낸다.
4. 삶아낸 떡에 탕수를 붓고 잘게 부수어 차게 식힌다.
5. 누룩을 넣고 고르게 혼화한다.
6. 술독에 술밑을 담아 3~5일간 발효시킨다.

덧술

1. 찹쌀을 깨끗이 씻어 6~8시간 물에 불린다.
2. 고두밥을 만들어 차게 식힌다.
3. 고두밥에 밑술을 넣고 고르게 혼화한다.
4. 술독에 술밑을 담아 발효관리한다.

오메기 누룩

차조

이화주(梨花酒)

이화주는 고려시대부터 빚어 온 고급 탁주다. 고문헌 〈수운잡방〉에는 배꽃(梨花)이 필 무렵에 이화곡을 빚는다고 했다. 다른 문헌에서는 배꽃 필 무렵에 술을 빚는다고 기록되어 있다. 배꽃을 사용하지 않고 이화주란 술 이름이 생긴 것이다.

여러 고문헌에 등장하는 이화주는 대중화된 고급탁주로 술의 빛깔이 눈처럼 희고 향이 좋아 백설향(白雪香)이라고도 불린다.

이화주는 물을 사용하지 않고 발효시킨 술로 '요플레'같은 술이다. 알코올도수는 6~8% 수준으로 떠 먹거나 찬물에 타서 마시는 술이다. 옛날에 사대부 집에서 노인이나 부녀자들의 간식으로, 어린아이들의 이유식으로도 이용되었다. 달고 부드러운 맛과 독특한 향이 일품이다.

이화주(梨花酒) 빚기

- 재료

    멥쌀 2kg, 이화곡 500g~800g, 증류주 200ml, (물 500ml)

- 술 빚기

    1. 멥쌀을 깨끗이 씻어 3~4시간 물에 불린 후 곱게 가루 낸다.
    2. 쌀가루에 따뜻한 물을 붓고 고르게 반죽하여 구멍떡을 만든다.

3. 끓는 물에 구멍떡을 삶아낸다.
4. 구멍떡을 주걱으로 으깨어 차게 식힌다.
5. 이화곡을 넣고 고르게 치대어준다.
6. 술덧을 발효용기에 담아 25도 정도에서 발효관리한다.
7. 발효초기 3일간 하루에 2~3회씩 저어준다.

이화누룩 가루

혼화 전

혼화 후

• 증류주 사용하기

이화곡은 일반누룩에 비하여 효모수가 적으므로 발효력이 떨어진다. 발효 중에 오염이 되기 쉬우므로 25% 정도의 증류소주를 손에 묻히면서 치대어 주고, 술덧 위에도 소주를 발라주면 오염을 방지할 수 있다. 알코올 도수가 너무 높으면 발효에 지장을 줄 수 있으므로 조심해야 한다.

된장이나 막장 등을 담글 때에도 증류주를 사용하면 오염을 방지할 수 있다.

이화주는 오염이 되기 쉬우므로 술 표면 위에 막이 생기고 흰 곰팡이나 푸른 곰팡이가 생기기 쉽다. 이 경우 크게 오염된 경우가 아니면 걷어내고 발효관리하면 된다.

집성향방(集聖香方, 集成香方)

1835년경 서유구가 중국기록을 도입하여 저술한 농림의학 등 생활백과인 〈임원십육지(林園十六志)〉에만 등장하는 술이다. '향기가 좋은 청주를 모아놓은 술', '청주를 빚는 법', '향기 좋은 술을 빚는 법을 모아 놓았다' 는 의미가 있는 술이다.

이태백의 〈월하독작〉에 청주는 성인에, 탁주는 현인에 비유하고 있다.

> 옛말에 청주는 성인과 같고 / 탁주는 현인과 같다 하였네
> 현인과 성인을 이미 마시었으니 / 굳이 신선을 찾을 것 없지
> 석 잔 술에 큰 도에 통하고 / 한 말 술에 자연과 하나가 되네.

집성향방 빚기

- **재료**

  밑술: 멥쌀 2.7kg, 누룩 500g, 밀가루 80g, 물 5L
  덧술: 멥쌀 5.4kg

- **술 빚기**

  밑술

  1. 쌀을 깨끗이 씻어 3~4시간 물에 불린다.

2. 쌀을 건져 1시간 물을 뺀 후 곱게 가루를 낸다.
3. 쌀가루를 체에 내려 백설기를 찐다.
4. 백설기에 끓는 물을 붓고 잘게 부수어 차게 식힌다.
5. 백설기에 누룩, 밀가루를 넣고 고르게 혼화한다
6. 술독에 담아 3~5일 발효시킨다.

> **• 밑술 요령**
> 전분질과 누룩 대비 물 사용량이 적은 술이다. 백설기를 쪄서 뜨거울 때 시루밑 물을 부어 으깬 다음 식혀 누룩과 밀가루를 넣고 혼화한다.
> 시루밑 물은 술 빚기에 이용하는 물을 감안하여 충분히 사용하여야 한다.

덧술

1. 쌀을 깨끗이 씻어 6~8시간 물에 불린다.
2. 쌀을 건져 물기를 뺀 후 고두밥을 짓는다.
3. 고두밥을 차게 식힌다.
4. 고두밥에 밑술을 붓고 고르게 혼화해 준다.
5. 술독에 술밑을 담아 발효관리한다.

> **• 고두밥 요령**
> 멥쌀 고두밥의 경우 탕수를 사용하여 호화도를 높여 주어야 한다. 방문에 밑술 설기에 물을 전부 사용하고 급수율도 낮아 탕수용으로 사용할 수 없다.
> 고두밥 지을 때 한 김 나고 1L이상 살수를 하여 무르게 고두밥을 짓는다.
> 뜸도 25~30분 들인다.

청명주(淸明酒)

청명은 24절기 중 날씨가 풀려 화창해지는 시기이다. 이 날은 한식날이거나 한식 하루 전날이다. 청명주는 농사일에 농주로 사용하기도 하고, 한식 성묘 때 제주로도 사용하는 절기주이다. 옛날에 한식은 설, 추석, 단오와 함께 4대 명절 중의 하나이다. 충주 청명주는 충북 무형문화재 제2호로 지정되어 있다.

중원 청명주

청명주 빚기

• 재료

밑술: 찹쌀 500g, 누룩 500g, 밀가루 150g, 물 2 L

덧술: 찹쌀 5.4kg

• 술 빚기

밑술

1. 덧술용 찹쌀 5.4kg을 깨끗이 씻어 3일 동안 불린다.
2. 찹쌀을 깨끗이 씻어 3~4시간 물에 불린다.
3. 불린 쌀을 곱게 가루 내어 중 체에 내린다.
4. 죽을 무르게 쑤어 차게 식힌다.
5. 누룩가루, 밀가루를 넣고 고르게 혼화한다.
6. 술밑을 술독에 담아 3일 발효시킨다.

- **밀가루를 사용하는 이유**

  술 빚기에서 밀가루를 사용하는 이유는 밀가루의 유기산을 통하여 젖산을 공급하여, 발효초기 잡균의 오염을 방지하고 청량감을 얻기 위해서 사용한다.

- **어떤 밀가루를 사용하나?**

  밀가루는 글루텐 함량에 따라 강력분, 중력분, 박력분으로 분류한다.
  술 빚기에는 술 맛을 좋게 하고 술 제조 후 술 맛의 변화나 침전 등을 최소화하기 위하여 조 단백질 함량이 적은 박력분을 사용한다.

종류	글루텐 함량	용도
강력분	11~13%	제빵용 밀가루
중력분	9~10%	면류를 만드는 다목적 밀가루
박력분	7.7~8.5%	쿠키, 케이크, 술 제조용 밀가루

덧술

1. 찹쌀을 건져서 고두밥을 짓는다.
2. 밑술을 맑은 술과 막걸리로 구분하여 거른다.
3. 고두밥에 막걸리를 넣어 1차 혼화한다.
4. 1차 혼화한 술덧에 맑은 술을 붓고 2차 혼화한다.
5. 술밑을 술독에 담아 발효관리한다.

하향주(荷香酒)

연꽃이나 연잎, 연근 등의 가향재를 첨가하지 않았는데 술에서는 연꽃과 연잎의 향이 난다. 그래서 '하향주'라는 이름표를 달았다. 이런 방향(芳香)이 바로 우리 전통주의 매력이다.

하향주는 밑술을 구멍떡으로 빚는다. 구멍떡으로 빚는 술은 술 맛의 기준 중 중요한 향기 중심의 술이 된다.

우리 술은 가공방법이 복잡할수록 방향이 강하다.

밀양 박씨 집성촌 달성군 유가면에서 빚어지는 하향주(荷香酒)는 1996년에 복원되어 문화재(대구광역시무형문화재 제 11호)로 지정된 술이다.

병란으로 전소된 비슬산 유가사(瑜伽寺) 중수 시에 인부들에게 제공하기 위하여 임시로 토주를 빚은 것이 하향주의 뿌리라고 전해진다.

비슬산 하향주

하향주 빚기

• **재료**

밑술: 멥쌀 550g, 누룩가루 400g, (물 1L)
덧술: 찹쌀 5.4kg

• 술 빚기

밑술

1. 쌀을 깨끗이 씻어 3~4시간 불렸다가 가루를 낸다.
2. 쌀가루를 중 체에 한번 내려준다.
3. 쌀가루에 따뜻한 물(500ml~700ml)을 조금씩 부으면서 반죽한다.
4. 50g씩 떼어서 도넛 모양의 구멍떡을 만든다.
5. 물이 끓으면 구멍떡을 넣고 떠오르면 건져서 주걱으로 으깬다.
6. (구멍떡 삶은 물 1L를 붓고 차게 식힌다.)
7. 누룩가루를 넣고 고르게 혼화한다.
8. 술밑을 술독에 담아 3~5일간 발효시킨다.

덧술

1. 찹쌀을 깨끗이 씻어 6~8시간 물에 불린다.
2. 쌀을 건져 물을 뺀 후 고두밥을 짓는다.
3. 고두밥을 차게 식힌다.
4. 고두밥에 밑술을 붓고 고르게 혼화한다.
5. 술밑을 술독에 담아 3일간은 따뜻하게 발효시킨다.
6. 주발효 후 낮은 온도에서 발효관리한다.

- 무른 고두밥 짓기

  구멍떡 만들 때 들어간 물과 떡 삶을 때 흡수되는 물 만으로 빚는 술이다.

  일반적으로 물을 사용하지 않거나 적게 사용하는 동양주, 동정춘 등은 고두밥 지을 때 한 김 나고 찬물을 고르게 뿌려가며 무른 고두밥을 짓는다.

  별도의 물을 사용하지 않는 방법이지만 구멍떡 삶은 물을 1L이하로 사용할 수 있다. 물을 너무 많이 사용하면 술의 특징인 연 향에 영향을 미칠 수 있다.

호산춘(壺山春)

〈임원경제지〉, 〈임원십육지〉에 의하면 전라도 여산 지방을 일명 호산(壺山) 이라고도 한다. 이 지방에서 빚은 술은 맛이 좋기로 유명하여 '호산춘' 이란 술 이름을 얻게 되었다고 알려져 있다. 춘(春)이 들어가는 술은 대부분 삼양주로 맛과 향취가 좋은 명주를 일컫는다.

현재 '호산춘 보존회' 회장 이연호 선생이 호산춘 복원을 위하여 노력하고 있다.

'문경 호산춘'은 장수 황씨(황희정승 후손)가문의 가양주이다. 호산춘은 신선이 좋아한다고 하여 '호선주(好仙酒)', 관리들이 이 술맛에 취해 임무도 잊고 돌아갔다 하여 '망주(妄酒)'란 애칭이 붙은 술이다. 상표등록을 위해 호수호 자를 사용하여 호산춘(湖山春)이라고 하였다. 솔잎이 첨가되며 문화재(경북 무형문화재 제18호)로 지정되어 있다.

삼양주로 빚는 호산춘을 이양주로 빚었다.

호산춘 빚기(이양주)

• 재료

밑술: 멥쌀 900g, 누룩 600g, 물 4L
덧술: 찹쌀 5.4kg

• 술 빚기

밑술

1. 멥쌀을 깨끗이 씻어 3~4시간 불린다.
2. 쌀을 건져 쌀가루를 낸다.
3. 물을 끓여 쌀가루에 부어 범벅(익반죽)을 만든다.
4. 범벅을 차게 식혀 누룩을 넣고 고르게 혼화한다.
5. 발효 용기에 담아 3~5일간 발효시킨다.

덧술

1. 찹쌀을 깨끗이 씻어 6~8시간 물에 불린다.
2. 고두밥을 지어 차게 식힌다.
3. 고두밥에 밑술을 붓고 고르게 치대어 준다.
4. 발효 용기에 담아 발효관리한다.

문경 호산춘

• 범벅(익반죽) 만들기

쌀가루 내리기

범벅 만들기

범벅 식히기

범벅은 반생반숙(半生半熟)상태를 만드는 것이다. 쌀이 완전 호화된 상태가 아니므로 누룩 미생물들의 활동이 더디게 진행되어 당화가 어렵고 발효도 더디게 진행된다.

범벅은 전분이 고르게 반생반숙 상태가 되도록 해주는 것이 포인트이다. 물을 끓여 물을 30% 붓고 쌀가루가 뭉치지 않게 고루 섞어준 후에 나머지 탕수를 2회에 나누어 붓고 고르게 섞어준다.

범벅 후에도 뚜껑을 덮어 수분증발을 막고 자연냉각시키면 좋다.

많은 양의 범벅을 하는 경우에는 용수량의 20%를 끓여 식힌 후에 쌀가루를 풀고, 나머지 물을 끓여 부어 범벅을 만든다.

이 경우에는 쌀가루가 섞인 상태이므로 한번에 탕수를 붓고 익반죽한다.

홍국(紅麴)으로 빚은 술 -홍국주(紅麴酒), 붉은 친구

홍국은 쌀에 붉은 색을 띠는 누룩 곰팡이 (monascus purpureus)를 고체 발효시켜 만든 붉은 색 쌀이다. 홍국 쌀에 들어있는 모나콜린K 성분은 고지혈증의 치료와 콜레스테롤을 조절하는 기능성 식품으로 각광받고 있다.

붉은 색의 술은 느낌이 어떨까 우선 궁금하였다. 피자두를 이용하여 빚은 술의 빛깔은 아주 매혹적이었다. 홍국쌀을 고두밥과 가루를 이용한 두 가지 방법으로 술을 빚었다.

홍국쌀을 고두밥을 지으며 누룩미생물의 사멸 등은 무시하기로 생각했다. 생쌀을 이용하는 것과 대조군으로 비교하기 위하여 두 가지 방법을 선택하였다. 홍국쌀을 물에 불리니 붉은 물이 빠져나와 색감을 살리기 어려워 쌀 불린 물을 끓여 용수로 활용하였다.

생쌀을 믹서를 사용하여 가루내고 체질을 하였다. 생쌀이라 주발효가 빠르고 활발하게 진행되어 75% 수준으로 채운 술독에 술덧이 넘쳤다. 가루로 이용하는 경우 술독의 60% 이내로 술덧을 조절해야 할 듯하다.

생각보다 술의 붉은 빛깔이 강하다. 고두밥으로 사용한 술이 부드럽고 향이 좋았다. 쌀가루를 이용하여 빚은 술은 생쌀을 이용해서 그런지 드라이하며 목에 걸리는 맛이다. 거르고 3주 정도 숙성 후에는 술이 순해졌다.

술 이름으로 그냥 홍국주보다 붉은 악마가 제격인 듯한데 국가대표 축구를 응원하는 상징적인 이미지가 굳어버린 이름을 써야 하는지 판단이 서지 않는다. 대안으로 붉은 친구는 어떨까.

홍국 술 빚기

• 재료

밑술 : 멥쌀 500g, 누룩 400g,
　　　　물 5.0L

덧술 : 찹쌀 4kg,
　　　　홍국 쌀450g
　　　　(고두밥 또는 가루로 사용)

• 술 빚기

밑술

1. 멥쌀을 깨끗이 씻어 3~4시간 물에 불린다.
2. 불린 쌀을 곱게 가루 내어 체에 내린다.
3. 끓는 물을 부어 범벅을 만들어 자연냉각시킨다.

4. 누룩을 넣고 고르게 혼화한다
5. 술밑을 술독에 담아 3~5일 발효시킨다.

덧술
1. 찹쌀을 깨끗이 씻어 6~8시간 물에 불린다.
2. 불린 쌀을 물에 헹구어 물을 뺀 후 살짝 불린 홍국 쌀을 찹쌀 위에 얹어 고두밥을 짓는다.
3. 고두밥을 차게 식힌다.
4. 고두밥에 밑술을 붓고 고르게 혼화한다.
* 홍국쌀을 가루로 사용하는 경우에는 누룩량을 300g으로 조정하고, 가루 낸 홍국쌀은 고두밥 위에 뿌려 혼화한다
5. 술밑을 술독에 담아 발효 관리한다 .

2. 가향재를 이용한 술 빚기

쌀과 누룩만으로 빚은 술에서 꽃이나 과일 등의 향이 나는 것을 방향(芳香)이라고 한다. 가향(加香)이란 식물의 열매나 줄기, 꽃을 사용하여 인위적인 향을 얻는 것이다. 약효성분을 얻기 위하여 약제를 이용하기도 한다.

우리 선조들은 봄이면 매화주와 두견주, 도화주를 빚었다. 단옷날에는 창포주, 중양절에 국화주 등 계절의 변화에 따라 여러 가지 가향재료를 이용하여 술을 빚어 풍류를 즐겼다.

• 가향재를 이용하는 방법

첫째, 고두밥을 찔 때 함께 쪄서 사용한다.

둘째, 가향재를 말리거나 생으로 하여 혼화할 때 넣어서 사용하거나, 술밑 사이에 켜켜로 넣어서 사용한다.

셋째, 삼베주머니에 담아 술독 안에 매다는 화향입주법이 있다.

> **• <규합총서>의 화향입주방(花香入酒方)**
>
> 국화가 흐드러지게 필 때 술이 한 말이거든 꽃 두 되를 주머니에 넣어 술독에 매달아 두면 향내가 가득하니 매화, 연꽃 등 향내가 있고 독이 없는 꽃은 다 이 법을 써라.
>
> 꽃을 위에 뿌려도 좋되, 유자는 술 맛이 실 것이니 술 속에 넣지 말고 유자 껍질을 주머니에 넣어 달고, 술독 위를 단단히 덮어 익히면 향내가 기이하다.

•가향재(꽃, 송순 등) 채취 및 보관

1. 꽃이 막 피거나 반쯤 핀 것이 좋으며 송이째 채취한다.
2. 흐르는 물에 씻어 깨끗한 천이나 타월로 물기를 제거한다.
3. 그늘에서 바삭거리는 정도까지 말린다.
4. 한지봉투에 넣어 통풍이 잘 되는 곳에 매달아 두거나, 비닐봉투에 담아 냉동실에 보관한다.

국화주(菊花酒)

국화는 가을의 상징이다. 동양에서 관상식물 중에서 가장 오래된 역사를 지닌 꽃이다. 사군자 중의 하나로 조상들이 귀히 여겨 역사와 함께한 꽃이다. 가을이면 지역마다 국화축제가 경쟁한다. 일반적으로 술에 사용하는 국화는 재배 국화가 아니라 산국(散菊)이나 감국(甘菊) 등 야생국화다. 국화주는 그윽한 국향에 술맛 또한 좋으며, 자양강장, 두통치료 등에 효과가 있다고 알려져 있다. 국화주는 음력 9월9일 중양절에 즐겨 마시는 절기주다.

국화주 빚기

- **재료**

  밑술: 멥쌀 1 kg, 누룩 500g, 물 5L
  덧술: 찹쌀 4 kg, 국화 5g(감국 3g, 산국 2g), 구기자 5g

- **술 빚기**

  밑술

  1. 멥쌀을 깨끗이 씻어 6~8시간 물에 불린다.
  2. 고두밥을 지어 25도 이하로 식힌다.
  3. 고두밥에 누룩을 넣고 혼화한다.
  4. 술밑을 술독에 담아 3~5일 발효시킨다.

덧술

1. 찹쌀을 깨끗이 씻어 6~8시간 물에 담가 둔다.
2. 고두밥을 지어 25도 이하로 식힌다.
3. 구기자를 프라이 팬에 살짝 볶는다.
4. 고두밥에 밑술, 국화, 구기자를 넣어 고르게 혼화한다.
5. 술밑을 술독에 담아 발효관리한다.

두견주(杜鵑酒)

봄이 되면 한라에서 백두까지 온 산을 연분홍으로 물들이는 진달래는 봄꽃의 전령이다. 진달랫과의 영산홍은 반 상록관목으로 겨울에도 완전히 잎이 떨어지지 않는다. 같은 진달랫과인 철쭉은 잎이 먼저 나오고 꽃이 피는데 꽃에 독성이 있어 먹을 수 없으므로 '개꽃'이라고 한다. 진달래는 먹을 수 있는 꽃이라 하여 '참꽃'이라 하며 두견화(杜鵑花)라고도 한다.

진달래는 혈액순환, 지혈, 통증완화, 거담 등의 약효가 있다고 알려져 있다. 그러나 식용이나 술을 빚을 때는 꽃술에 독이 있으므로 제거하여야 한다. 면천지방의 두견주는 문화재(중요무형문화재 제86-2)로 지정되어 있으며 고려 개국공신 복지겸의 전설이 서려 있는 술이다.

두견주 빚기

• **재료**

밑술: 찹쌀 800g, 누룩 500g, 물 5L
덧술: 찹쌀 5kg, 두견화 5g, 밀가루 100g

• **술 빚기**

밑술

1. 찹쌀을 깨끗이 씻어 3~4시간 물에 불린다.

2. 쌀을 건져 물을 뺀 후 곱게 가루 낸다.

3. 끓는 물을 부어 범벅을 만들어 식힌다

4. 누룩을 넣고 고르게 혼화한다.

5. 술밑을 술독에 담고 3~5일간 발효시킨다.

덧술

1. 찹쌀을 깨끗이 씻어 6~8시간 물에 불린다.

2. 고두밥을 만들어 식힌다.

3. 고두밥에 밑술, 진달래, 밀가루를 넣고 고르게 혼화한다.

4. 술밑을 술독에 담고 발효관리한다.

- **진달래꽃 채취 및 손질**

  진달래 꽃은 활짝 핀 것을 채취한다. 수술을 제거한 후에 수돗물에 한번 헹구어 낸 후에 채반에 받쳐 물기를 빼준다.
  한지 위에 펼쳐 그늘에서 말린 후 냉동보관한다.

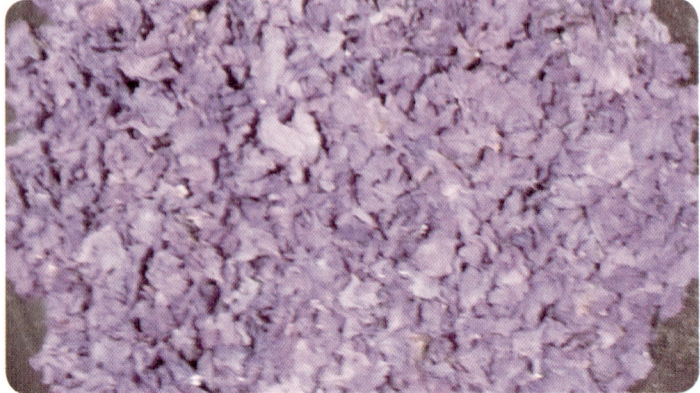

매화주(梅花酒)

이른 봄에 꽃이 피어 눈 속에서도 볼 수 있는 설중매(雪中梅). 찬바람 속에서도 과감하게 꽃봉오리를 여는 의연함이 고품격의 향기를 내뿜는다.

매화는 먼 옛날부터 우리 조상들에게 난초, 국화, 대나무와 함께 사군자로 추앙받고 있다. 꽃을 말려 물에 띄워 먹는 매실차. 매화꽃이나 매실즙을 넣어 빚은 매화주, 매실을 이용한 침출주, 주정을 이용한 매실주도 있다. 매실을 설탕에 재워 먹는 매실 발효액은 소화촉진을 한다고 알려져 있다.

매화꽃을 구하기 어려워 전전긍긍하는데 광양에 있는 친구가 몇 번 채취하여 보내주었다. 매실나무는 늦가을이나 싹이 트기 전 이른봄에 웃자란 가지나 필요 없는 가지를 잘라준다. 그러나 친구는 꽃을 채취하기 위하여 꽃이 필 때 가지치기를 한다. 꽃이 핀 것을 따 냉동으로 일려 보내기도 했다. 그 정성과 마음이 고맙기만 하다.

> **• 매화음(梅花飮)**
>
> 매화를 감상하며 술을 마시는 것을 매화음이라고 한다. 단원 김홍도는 끼니를 거를 만큼 가난했지만 항상 의연함을 잃지 않은 화가였다. 김홍도는 그림을 그려주고 3,000냥을 받았다. 2,000냥은 매화나무를 사고 800냥으로 술을 사서 친구들과 매화를 감상하며 술을 마신 것이 매화음의 유래라고 전해진다.
>
> 필자도 매화음을 제대로 한 기억이 있다. 광양의 수향농원에서 달빛 어린 매화 꽃비 속에 직접 빚은 술을 친구들과 즐기던 시절이 있었다.
> 그런 매화음을 다시 즐길 수 있는 여유를 찾지 못함이 미련스럽다.

매화주 빚기

• 재료
밑술: 멥쌀 800g, 누룩 450g, 물 4.5L
덧술: 찹쌀 4kg, 매화 5g

• 술 빚기
밑술
1. 쌀을 깨끗이 씻어 3~4시간 물에 불린다.
2. 쌀을 건져 곱게 가루내어 체에 내려준다.
3. 쌀가루에 끓는 물을 부어서 범벅을 만들어 식힌다.
4. 누룩을 넣고 고르게 혼화한다.
5. 술 밑을 술독에 담아 3~5일 발효시킨다.

덧술
1. 쌀을 깨끗이 씻어 6~8시간 물에 불린다.
2. 고두밥을 지어 식힌다.
3. 고두밥에 밑술, 매화를 넣고 고르게 혼화한다.
4. 술밑을 술독에 담아 발효관리한다.

백화주(百花酒)

가향재(加香材)를 사용하여 빚은 술 중에서 으뜸은 백화주다. 술 속에서 온갖 꽃들이 품어내는 향기는 말로는 표현할 방법이 없다.

우리말의 여유로움은 백화주가 꼭 100가지의 꽃을 넣는 것이 아니라 여러 가지 꽃을 넣는 것이라고 설명하고 있다. 그럼 몇 가지 꽃을 넣어야 백화주 반열에 오를까? 백화주 이름에 걸맞게 백 가지 꽃을 넣은 백화주를 빚어보고 싶었다.

2010년 이른봄부터 산수유를 시작으로 꽃 모으기를 선포했다. 씻고 말려 한지봉투에 넣어 냉동실에 보관했다. 과정이 장난이 아니었다. 20여종 모으며 괜히 시작했나 후회도 하였다. 그만두고 싶은 망설임도 있었지만, 하나 둘 모으는 재미가 생겨나기 시작했다. 주위에서 꽃을 모은다는 이야기를 듣고 쉽게 구하기 어려운 배, 사과, 매화, 자두꽃 등 유실수 꽃을 모아서 전해 주기도 했다.

산과 들로 많이 헤매고 다녔다. 메밀꽃, 고추, 토마토, 유채, 고구마, 감자, 호박꽃 등은 직접 재배하여 모았다. 장마철에 꽃이 마르지 않아 건조기도 마련하였다.

냉동실이 부족하여 커다란 냉장고도 다시 준비했다. 이름도 모르는 식물이름을 찾아보기 위하여 야생화 책도 두 권 구입하였다.

늦가을 감국(甘菊)까지 수집하고 나니 128종이나 되었다. 모은 꽃을 펼치고 분류하여 백화세트를 만드는 데 5시간이나 걸렸다.

에델바이스

　1년 동안 꽃과 씨름하다 보니 이듬해에는 모든 꽃들이 보기가 싫어 외면했다. 2013년 키르기즈스탄 여행시 해발 3,000m에 위치한 송쿨호수에서 생애 처음으로 본 에델바이스를 그냥 지나칠 수는 없었다. 에델바이스를 포함한 5가지 꽃을 수집하여 돌아왔다. 133가지 꽃을 사용한 백화주는 그렇게 탄생했다. 2013년 11월 인사동 '북촌유정'에서 '전통주연구회' 우리 술 전시회에 133가지 꽃으로 빚은 백화주를 선보여 많은 분들에게 시음을 시켜주었다. 원기를 보하는 기능이 있다고 알려진 백화주. 평생 한번 빚기 어렵고, 평생 한번 마셔보기도 어렵다는 백화주를 여덟 번이나 빚었다. 주위에서 한두 번 시음한 지인들은 쉽게 백화주 타령을 한다.
　고귀함을 느끼게 하지 못하여 꽃들에게 미안하고 안타까울 뿐이다.

1년 동안 모은 128가지의 꽃

백화주 빚기

- **재료**

    밑술: 멥쌀 800g, 누룩 500g, 물 5L
    덧술: 찹쌀 5kg, 밀가루 100g, 백화 10g

- **술 빚기**

    밑술

    1. 쌀을 깨끗이 씻어 3~4시간 물에 불린다.
    2. 쌀가루를 내어 체에 한번 내려준다.
    3. 쌀가루에 끓는 물을 부으면서 범벅을 만들어 차게 식혀준다.
    4. 술밑을 술독에 담아 3~5일간 발효시킨다.

    덧술

    1. 쌀을 깨끗이 씻어 6~8시간 물에 불린다.
    2. 고두밥을 지어 차게 식힌다.
    3. 고두밥에 밑술, 백화, 밀가루를 넣고 고르게 혼화한다.
    4. 술밑을 술독에 담아 발효관리한다.

> - **〈규합총서〉의 백화주 빚기**
>
>   중양절 때 국화가 흐드러질 때 술을 빚어라. 국화는 마른 후 더욱 향기로우니 주장을 삼고, 복숭아, 살구, 매화, 연꽃 등과 구기, 냉이 등 성미가 유익한 것은 넉넉히 하고 다른 꽃은 각 한 돈씩 하되, 왜철쭉, 옥잠화, 싸리꽃은 지독하니 넣지 마라.

송순주(松筍酒)

소나무는 일상의 주변에도 흔히 볼 수 있는 상록수로 친숙하다. 송순은 소나무의 어린 새 순을 말한다. 송순은 비타민이나 무기질이 풍부하고 솔 눈 성분 중 테르펜은 혈액순환을 도와 고혈압이나 고지혈증에 좋다.

송순은 솔 향뿐만 아니라 여러 가지 약효로 송순 발효액이나 송순주 등에 사용되고 있다. 송순의 채취는 이른 봄에 하는 것이 좋으며 물에 3일 이상 담갔다가 사용하거나 삶아서 사용하여야 한다. 송순에 있는 송진 등으로 떫은 맛과 쓴맛이 나고 기름기가 뜨기 때문이다.

소나무를 이용한 술은 송순주뿐만 아니라 솔잎을 이용한 송엽주, 솔방울을 이용한 송령주, 소나무 마디를 이용한 송절주, 와송주 등이 있다. 와송주는 누운 소나무의 몸통을 파내고 술덧을 넣어 발효시키는 술이다. 와송주의 청향은 천하일품이라고 하는데 아직 빚어보지 못하였다.

송순주는 일반적인 가향주 제조법과 같이 송순을 넣어 술을 빚는 방법이 있으며, 송순을 넣어 술을 빚고 증류소주를 넣어 발효시키는 혼양주법 송순주가 있다.

혼양주법의 송순주는 송순의 맛과 향을 제대로 느낄 수 있고 높은 알코올도수로 저장성이 좋다.

• 송순 손질하기

1. 송순을 따서 모엽을 제거한다
2. 손질한 송순을 끓는 물에 3~4분 삶아낸다.
3. 그늘에 바짝 말린다.
4. 비닐봉지에 넣어 냉동 보관한다,
5. 사용시에 끓는 물에 데치거나, 고두밥 뜸들일 때 쪄서 사용한다.

송순 → 손질 전

손질 후 → 데쳐내기

• 송순주 빚기

•재료

밑술: 멥쌀 800g, 누룩 500g, 물 5L

덧술: 찹쌀 5kg, 송순 8g

• **술 빚기**

밑술

1. 쌀을 깨끗이 씻어 3~4시간 물에 불린다.
2. 곱게 쌀가루를 내어 체에 내린다.
3. 죽을 쑤어 차게 식힌다.
4. 죽에 누룩을 넣고 고르게 혼화한다.
5. 술밑을 술독에 담아 3~5일 발효시킨다.

덧술

1. 찹쌀을 깨끗이 씻어 6~8시간 물에 불린다.
2. 고두밥 지을 때 한 김 나고 뜸들일 때 송순을 넣고 찐다.
3. 고두밥을 차게 식힌다.
4. 고두밥에 밑술을 붓고 송순을 넣어 고르게 혼화한다
5. 술밑을 술독에 담아 발효관리한다.

연엽주(蓮葉酒)

연엽주는 연잎을 이용해 빚는 술이다. 연꽃을 이용한 연화주도 있으며 연근을 이용하여 술을 빚을 수도 있다. 연잎은 더운 기를 없애주고, 지혈작용이 있다.

한의약에서 연꽃의 씨앗인 연자, 뿌리인 연근은 지금도 많이 사용하는 약재이다. 〈조선무쌍신식요리제법〉에 등장하는 연엽양(蓮葉釀)은 연방죽의 연잎에 술덧을 매달아 놓았다가 이틀만에 채취하여 먹는 술이다. 연엽주와 최고의 풍류가 함께하는 셈이다. .

연엽주를 2번 빚어 보았다. 찍어 놓은 사진이 없어 술빚기 방법을 추가하는데 망설였다. 연잎을 주문하여 새로 술을 빚었다. 그 덕택에 제일 마지막으로 이 책에 오르는 영광을 누린 주품이다.

아산 연엽주는 예안이씨 가양주로 문화재로 지정되어 있는 술이다.

연엽주 빚기

• 재료

찹쌀 5kg, 누룩가루 450g, 물 3L, 연잎 5장

• 술 빚기

1. 찹쌀을 깨끗이 씻어 6~8시간 불린다.
2. 고두밥을 지어 차게 식힌다.
3. 연잎을 깨끗하게 씻어 물기를 제거한다.
4. 고두밥에 누룩가루를 넣고 충분히 혼화한다.

• 연잎에 싸기

1. 연잎을 펼쳐 술덧을 얹는다.
2. 연잎으로 술덧을 싼다.
3. 술덧을 싼 연잎을 켜켜이 술독에 담는다.

연잎 ········▶ 술덧 얹기

연잎에 술덧 싸기 ········▶ 항아리에 담기

- 연잎 켜켜이 깔기

  1. 술독 밑에 연잎을 깐다
  2. 술덧과 연잎을 켜켜이 안치고 위에 연잎으로 덮는다.
  3. 위에 덮은 연잎은 젓가락으로 구멍을 내준다.

아산 연엽주

창포주(菖蒲酒)

단오 때 마시는 절기주의 하나인 창포주는 정신을 맑게 하고 기운이 화하여 무병장수한다고 알려진 약용주이다.

꽃창포는 정원에 많이 심고 있는 붓꽃으로 프랑스의 나라꽃 '아이리스'다. 우리나라에는 야생하는 자주꽃과 노란꽃 창포가 있다.

석창포는 천남성과에 속하는 다년생 초본식물이다. 혈액순환을 원활하게 해 주고, 풍기를 흩어지게 해 주며, 건위, 진정, 거담 등의 효능을 가지고 있다.

창포와 비슷하지만 잎이 보다 좁고 너비 1cm 미만이며, 길이도 짧고 가는 것을 석창포라고 한다. 창포보다 희귀하고 약용적 가치도 높게 평가되고 있다.

일반적으로 창포주는 석창포의 뿌리나 잎을 이용하여 창포즙을 내어 빚는다. 마른 석창포 뿌리로 탕약법을 이용하여 술을 빚기로 했다. 경동시장에서 석창포 한 봉지를 샀다. 국내산은 없다. 원산지가 중국산이다.

창포주 빚기

- **재료**

  밑술: 찹쌀 800g, 누룩 450g, 물 6L, 석창포 10g
  덧술: 찹쌀 5kg

• 술 빚기

밑술

1. 쌀을 깨끗이 씻어 3~4시간 물에 불린다.
2. 석창포를 양조용수에 넣어 1시간 끓인다.
3. 쌀을 곱게 가루 내어 체에 내린다.
4. 쌀가루에 석창포 달인 끓는 물을 부어 범벅을 만든다.
5. 범벅을 식혀 누룩을 넣고 고르게 혼화한다.
6. 술밑을 술독에 담아 3~5일 발효시킨다.

덧술

1. 찹쌀을 깨끗이 씻어 6~8시간 물에 불린다.
2. 고두밥을 지어 차게 식힌다.
3. 고두밥에 밑술을 붓고 고르게 혼화한다
4. 술밑을 술독에 담아 발효관리한다.

석창포

꽃창포

화우(花友)

화우는 필자가 붙인 술 이름이다. 고산 윤선도 선생의 오우가(五友歌)에서 힌트를 얻었다. 윤선도 선생은 변하지 않는 친구로 물(水), 돌(石), 소나무(松), 대나무(竹), 달(月) 다섯 친구를 노래했다.

필자가 가향재로 선택한 꽃 친구는 봄의 전령사 매화, 수줍음 가득한 진달래, 자태가 요사스런 도화(桃花), 향기가 매혹적인 자두화, 늦가을 서릿발에 빛을 발하는 감국(甘菊)이다.

'화우(花友)', '꽃친구'라고 술 이름을 지었다. 왠지 친근감이 드는 이름이다. 술 역시 꽃의 향기를 머금고 감미로움으로 화답했다.

화우 빚기

• **재료**

밑술: 멥쌀 800g, 누룩 450g, 물 4.5L
덧술: 찹쌀 4kg, 오화 각 2g, 밀가루 50g

• **술 빚기**

밑술

1. 쌀을 깨끗하게 씻어 3~4시간 물에 불린다.
2. 쌀을 곱게 가루 내어 체에 내린다.

3. 쌀가루에 끓는 물을 부어 범벅을 만든 후 식힌다.
4. 누룩을 넣고 고르게 혼화한다.
5. 술밑을 술독에 담아 3~5일 발효시킨다.

덧술

1. 찹쌀을 깨끗하게 씻어 6~8시간 물에 불린다.
2. 고두밥을 만들어 차게 식힌다.
3. 고두밥에 밑술, 오화, 밀가루를 넣고 고르게 혼화한다.
4. 술밑을 술독에 담아 발효 관리한다.

해파랑주(海波浪酒) - 해향(海香)

　해파랑길은 동해의 떠오르는 해와 푸른 바다를 길동무 삼아 함께 걷는다는 뜻으로 부산 오륙도 해맞이공원에서 고성 통일전망대까지 770km의 걷기 길을 말한다. 문화체육관광부 주관으로 (사)한국의 길과 문화와 각 지자제 및 지역민간단체가 조성한 걷기 길이다.

　그 길을 혼자 21일에 걸쳐 걸었다. 2017년 추석연휴가 길어 무엇을 하고 지낼까 생각하다 추석 전에 ktx를 타고 부산에 내려가서 2박 3일 울산까지 걷고 올라왔다. 고향에 가서 차례와 성묘를 지내고 다시 울산으로 내려가 3박 4일을 걷고 올라왔다.

　걷기의 묘한 매력에 빠져들었다. 길동무라도 하여 함께 걸으면 서로 보조를 맞추어야 하고 먹고 자는 것 모두가 신경이 쓰이니 하루 이틀이 아닌 21일간을 함께 걸을 수는 없는 일이었다. 숙소와 먹거리를 찾아서 야간에도 걸었다. 하루에 50km를 넘게 걷기도 하였다. 발가락에 물집이 잡혀 열 발가락에 붕대를 감았다. 12년간 마라톤을 하며 풀코스 완주 28회와 두 번의

100km 울트라 마라톤을 뛰었던 경험이 큰 힘이 되었다.

완주증도 받고 고된 일정과 걷던 기억을 생각하며 기념하는 술을 하나 빚고 싶었다. 백두산에 갔을 때 장백폭포 물을 담아 와서 술을 빚은 기억이 있다. 그렇다고 짠 동해의 바닷물을 이용하여 술을 빚을 수는 없었다. 바다가 고향인 다시마를 이용하여 술을 빚었다. 바다 이야기 가득한 해양(海香)이 탄생한 이유다.

혼자 걸었기에 더 많은 생각을 하고 더욱 의미가 있는 듯하다. 덕분에 해파랑 관련 7편의 시를 수확하였다. 웬 횡재가 이리도 큰지, 21일에 시 7편을 쓸 수만 있다면 언제든지 걸을 준비는 되어있다. 그중 술 이름과 관련이 있는 '해파랑 길을 걷는다는 것에 대하여' 시 한편을 부록에 소개한다. 나머지는 좀 더 숙성시켜 첫 시집이라도 낼 때 선보여 드릴 것이다.

해파랑주 빚기

• **재료**

　밑술: 멥쌀 800g, 누룩 500g, 물 5.5L, 다시마 50g

　덧술: 찹쌀 5kg

• **술 빚기**

　밑술

　1. 멥쌀을 깨끗이 씻어 3~4시간 물에 불린다.
　2. 불린 쌀을 곱게 가루 내어 체에 내린다.
　3. 물에 다시마 50g을 넣고 끓인다.
　4. 다시마 우려낸 물을 이용하여 죽을 쑨다
　5. 누룩을 넣고 고르게 혼화한다
　6. 술밑을 술독에 담아 3~5일 발효시킨다.

덧술

1. 찹쌀을 깨끗이 씻어 6~8시간 물에 불린다.
2. 불린 쌀을 헹구어 물을 뺀 후 고두밥을 짓는다.
3. 고두밥을 차게 식힌다.
4. 고두밥에 밑술을 붓고 고르게 혼화한다.
5. 술밑을 술독에 담아 발효 관리한다.

3. 서류, 과일 등을 이용한 술 빚기

쌀이 귀한 강원도 지방에서 감자나 옥수수를 이용하여 술을 빚는다. 고구마를 이용한 감저주는 〈임원십육지〉와 〈조선무쌍신식요리제법〉에 등장한다. 배와 복숭아, 자두는 발효액을 만들어 덧술시 사용하여 술을 빚었다. 묘한 매력에 빠져 고추와 자색양파, 죽순을 사용해 보기도 하였다.

포도주는 우리 선조들의 지혜가 담겨 있는 술이다.

감자술 서주(薯酒)

감자는 1820년대에 전래되었다고 전해진다. 감자술의 역사는 다른 전통주에 비하여 길지 않은 셈이다. 농사지을 땅이 적은 강원도 지역의 특성상 화전민들이 감자를 이용한 술을 빚기 시작했다. 강원도에서 감자는 옥수수와 더불어 주식의 일부였다. 쌀이 부족하니 자연적으로 지역 특산물을 이용한 술이 뿌리를 내리게 된 것이다.

강원도 평창군 진부면 하진부리에 있는 오대서주양조장에서 감자로 술을 제조하고 있다. 감자 서자를 써서 서주다

감자의 성분은 수분 75%, 녹말 13~20%, 단백질 1.5~2.6%, 무기질 0.6~1%이다. 알칼리성 식품으로 콜레스테롤 합성을 억제하여 피를 맑게 하며, 당뇨병 예방, 감기 예방에 효과가 있다.

감자의 향을 가진 황록색의 감자술은 쌉쌀하면서도 뒷맛이 깔끔하다. 감자술은 알카리성 발효주로 어혈, 타박상 등에 좋으며 혈액순환에 도움을 준다고 한다.

감자술 빚기

- **재료**

  밑술: 감자 2kg, 누룩 600g, 물 5L
  덧술: 찹쌀 5kg

• 술 빚기

밑술

1. 감자 껍질을 벗겨 깨끗이 씻는다.
2. 감자를 1cm 두께로 잘라 햇볕에 반 건조시킨다.
3. 채반 위에 감자를 얹어 무르게 삶는다.
4. 감자를 절구에 넣고 곱게 찧는다.
5. 식은 감자에 누룩, 물을 넣고 충분히 혼화한다.
6. 술밑을 술독에 담아 3~5일간 발효시킨다.

• 감자 처리 방법

통 감자 → 감자 자르기 → 쪄내기
으깨기 → 혼화전 → 혼화후

덧술

1. 찹쌀을 깨끗이 씻어 6~8시간 물에 불린다.
2. 쌀을 건져 고두밥을 지어 차게 식힌다.
3. 고두밥에 밑술을 넣고 고르게 혼화한다.
4. 술밑을 술독에 담아 발효관리한다.

감저주(甘藷酒)

고구마는 한자어로 감저라 부른다. 구황작물로 배고픈 시절 식량대용으로 많이 먹던 식품이다. 어린 시절 겨울에는 온 식구가 한 방에서 지냈다. 가난한 시절 땔나무라도 절약하기 위해서다. 가을이 되면 윗목에는 수수깡으로 만든 통 안에 고구마가 가득했다. 필자는 고구마를 유난히 좋아했다. 무를 넣어 만든 죽에 대해서는 먹기 싫다고 투정을 부렸지만 점심 대용으로 겨우내 먹던 고구마에 불평을 하지 않았다.

고구마의 칼륨 성분은 나트륨 배설을 촉진시켜 혈압을 내리게 하고, 당근, 호박 등과 함께 3대 적황색 채소로 불린다. 항암효과가 있는 82가지 채소 중에 1위가 고구마다. 섬유질이 풍부해 콜레스테롤 배출능력도 뛰어나고 변비에도 좋다.

추억을 더듬으며 밤고구마와 호박고구마로 술을 빚었다. 호박고구마의 술이 색감도 있고 알싸한 맛도 더 있는 듯하다

감저주 빚기

- **재료**

 밑술: 호박 고구마 3kg, 누룩 500g, 물 5L
 덧술: 찹쌀 3kg

• **술 빚기**

밑술

1. 고구마를 흠집 난 부분은 도려내고 깨끗이 씻는다.
2. 고구마를 1cm두께로 잘라 건조기(50~60도)에 2시간 건조시킨다. (햇볕에 5~6시간 건조시켜도 된다.)
3. 고구마를 무르게 삶는다.
4. 삶은 고구마를 절구 등에 빻아 곱게 으깬다. (고구마를 무르게 찌면 주걱으로도 잘 으깨진다)
5. 으깬 고구마에 끓는 물을 넣고 차게 식힌다.
6. 누룩을 넣고 고르게 혼화한다.
7. 술밑을 술독에 담아 3~5일 발효시킨다.

• 고구마 처리 방법

고구마 ▶ 삶아 으깨기 ▶ 항아리에 담기 ▶ 발효관리

덧술

1. 찹쌀을 깨끗이 씻어 6~8시간 물에 불린다.
2. 고두밥을 지어 차게 식힌다.
3. 고두밥에 밑술을 넣고 고르게 혼화한다.
4. 술밑을 술독에 담아 발효관리한다.

고추술 '맴맴'

호기심이 발동하여 빚은 술이다. 고추를 넣어 빚은 술은 맛이 어떨까? 살짝 매운 맛이 나는 술은 매력적일까?

인터넷을 조회해 보니 고추를 넣어 빚은 발효주는 없다. 고추에 소주를 부어 만든 침출주 당초주(唐椒酒)라는 것만 있다.

직접 재배하여 말려 놓은 고추를 넣어 빚은 고추술은 매혹적이었다. 시음을 시킨 결과 술을 마시고 뒷맛에서 느껴지는 매운맛을 거의 느끼지 못했다. 고추술이라고 했더니 이구동성으로 뒷맛에 매운맛이 난다고 했다.

고추는 혈액순환에 좋고 몸을 따뜻하게 해 주는 효과가 있어 냉증이나 초기감기에 좋다. 건위, 신경통에도 효과가 있으며 질병저항력을 높이고 비만을 줄이는 성분도 풍부하다.

고추술 빚기

- **재료**

  밑술: 멥쌀 800g, 누룩 500g, 물 4.5L
  덧술: 찹쌀 5kg, 고추 15g

• 술 빚기

밑술

1. 쌀을 깨끗하게 씻어 3~4시간 물에 불린다.
2. 쌀을 건져 물기를 뺀 후 곱게 가루를 낸다.
3. 체에 쌀가루를 내려 범벅을 만든 후 차게 식힌다.
4. 누룩을 넣고 고르게 혼화한다.
5. 술밑을 술독에 담아 3~5일 발효시킨다.

덧술

1. 쌀을 깨끗이 씻어 6~8시간 물에 불린다.
2. 쌀을 건져 물기를 뺀 후 고두밥을 짓는다.
3. 고두밥 뜸들일 때 고추꼭지만 제거하여 함께 찐다.
4. 고두밥을 차게 식힌다.
5. 고두밥에 밑술을 붓고 고르게 혼화한다.
6. 술밑을 술독에 담아 발효 관리한다.

블루베리 술

블루베리는 달고 신맛이 나는 열매로 미국 타임지가 선정한 10대 슈퍼푸드 중 하나이다. 각종 비타민과 플라보노이드 폴리페놀 식이섬유 등 다양한 항산화 성분이 들어있다. 식이섬유가 풍부하여 장의 기능을 도와 각종 대장질환에 좋다. 다양한 비타민과 미네랄, 항산화 물질과 안토시안, 플라보노이드 성분은 피로를 풀어주고 피부미용에도 좋다. 항산화 성분은 노화를 방지해주며 피부세포의 건강도 지켜준다. 또한 콜레스테롤 수치도 낮추어 주고 안토시안 성분은 눈의 건강에 좋다고 한다.

유난히 더웠던 지난여름 손자 둘을 데리고 사돈이 사는 청자의 고향 강진에 2박 3일 다녀왔다. 집 옆 정자각에 앉아 낮에는 넓은 들판을 바라보고 밤에는 누워서 별을 바라보는 여유도 느껴보았다. 시골에서 살고 싶은 꿈을 하루라도 빨리 실천하고 싶은 마음이 더 간절하게 들었다. 마침 도자기 축제 중이라 축제장에서 도자기 술잔도 몇 개 샀다. 올라오는데 직접 길러서 말린 블루베리를 주셔서 술을 빚어보았다.

말린 것을 이용하다 보니 색감도 좋지 않고 향도 생과를 이용한 것에 비하여 떨어진다. 냉동 블루벨리를 이용하여 급하게 술을 다시 빚었다. 블루베리를 이용한 술 빚기는 생과를 이용하는 것이 술의 색감과 향기가 더 풍부하다. 단양주나 이양주로 술을 빚을 수 있다. 단양주로 술을 빚을 경우 블루베리의 색이 선명하고 향이 깊은 술을, 이양주로 술을 빚을 경우에는 옅은 색감과 향에 비해 알코올 도수가 높은 드라이한 술을 얻을 수 있다.

블루베리 술 빚기

• 재료
밑술 : 멥쌀 800g, 누룩 550g, 물 5.5L
덧술 : 찹쌀 5kg, 블루베리 1.2kg

• 술 빚기
밑술

1. 멥쌀을 깨끗이 씻어 3~4시간 불린다.
2. 불린 쌀을 곱게 가루 내어 체에 내린다.
3. 죽을 무르게 쑤어 차게 식힌다
4. 누룩을 넣고 고르게 혼화한다
5. 술밑을 술독에 담아 3~5일 발효시킨다.

덧술

1. 찹쌀을 깨끗이 씻어 6~8시간 물에 불린다.
2. 불린 쌀을 헹구어 물을 뺀 후 고두밥을 짓는다.
3. 블루베리를 물에 깨끗이 씻어 물기를 제거한다.
4. 고두밥을 차게 식힌다.
5. 고두밥에 블루베리와 밑술을 붓고 고르게 혼화한다.
6. 술밑을 술독에 담아 발효 관리한다.

배로 빚은 '축(祝)배'

직장생활을 하며 고향에서 과수원을 경영하는 친구가 배 한 상자를 보내왔다. 한해 동안 땀과 정성으로 가꾸고 결실을 본 것이다. 과육도 푸짐하고 당도도 많은 '신고'라는 배다. 받는 순간 튼실한 배를 그냥 먹기는 아깝다는 생각이 들었다. 배를 이용한 술을 빚겠다는 생각이 앞섰다. 왜 모든 과일이며 색깔 있는 채소 등을 보면 술 빚을 생각이 앞서는지 모르겠다. 한 개를 깎아서 맛을 보았다. 꿀맛이다. 꿀맛 나는 배를 이용한 술은 어떤 맛일까? 배 껍질과 배 속을 제거하고 발효액을 만들어 술 빚기에 사용하였다.

배 발효액이 들어가서일까? 술맛이 시원하고 산뜻한 느낌이 든다. 축배를 증류한 증류주도 호평이 좋았다.

- **배 발효액 만들기**

  일반적으로 과일이나 채소류에는 농약을 사용한다. 과일 씨앗에는 자체보호 수단으로 자연독소를 함유하고 있다. 깨끗하게 씻어 껍질을 깎고 씨앗은 제거하여 발효액을 만들었다.

  1. 배를 물에 깨끗이 씻는다.
  2. 껍질을 벗기고 배 속과 씨앗을 제거한다.
  3. 배를 4등분하고, 다시 4등분하여 소독한 용기에 담는다.
  4. 배 용량의 85% 설탕을 넣는다.
  5. 설탕이 녹을 때까지 2~3일간 매일 소독한 주걱으로 저어준다.
  6. 3개월후 찌꺼기를 제거한다.
  7. 거른 후 3개월 숙성시켜 사용한다.

배술 빚기

• 재료

밑술: 멥쌀 800g, 누룩 400g, 물 4L
덧술: 찹쌀 4kg, 배 발효액 500ml

• 술 빚기

밑술

1. 쌀을 깨끗이 씻어 3~4시간 물에 불린다.
2. 쌀가루를 내어 체에 내려준다.
3. 끓는 물을 부어 범벅을 만든다.
4. 범벅을 차게 식힌다.
5. 범벅에 누룩을 넣고 고르게 혼화한다.
6. 술독에 술밑을 담아 발효시킨다.

덧술

1. 찹쌀을 깨끗이 씻어 6~8시간 물에 불린다.
2. 고두밥을 지어 차게 식힌다.
3. 고두밥에 밑술, 배 발효액을 넣고 고르게 혼화한다.
4. 술밑을 술독에 담아 발효관리한다.

복숭아술 '도향(桃香)', '도덕(桃德)'

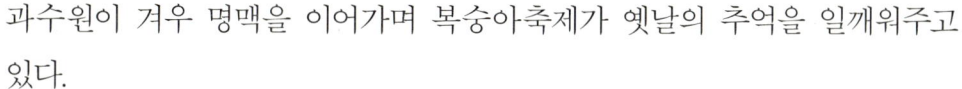

복숭아는 부천의 명물이었다. 초등학교 시절 지역 특산물로 대구 사과, 성환 참외, 안성 포도, 소사 복숭아 라고 배운 기억이 새롭다.

지금은 도심의 개발로 성주산자락 복숭아 과수원이 겨우 명맥을 이어가며 복숭아축제가 옛날의 추억을 일깨워주고 있다.

탐스럽게 익은 복숭아를 한 입 베무는 달콤함은 말로 표현하기 어려운 맛의 극치다. 지역을 상징하는 복숭아의 맛과 향이 나는 술을 빚을 수는 없을까? 복숭아로 발효액을 만들어 술을 빚었다.

새로운 술을 빚고 이름을 짓는 일도 즐거운 낙이다. 필자는 '복숭아로 빚은 향기 좋은 술'이란 의미에서 '도향(桃香)'이라고 했다. 철학교수 친구는 '도딕(桃德)'이 어떠냐고 했다. 주위에서 술 이름으로 도덕은 너무 어렵다며 웃었다.

복숭아술 빚기

• 재료

밑술: 멥쌀 800g, 누룩 500g, 물 5L
덧술: 찹쌀 4kg, 복숭아 발효액 1L

• 술 빚기

밑술

1. 쌀을 깨끗이 씻어 3~4시간 물에 불린다.
2. 쌀을 건져 물기를 뺀 후 곱게 가루 낸다.
3. 쌀가루에 끓는 물을 골고루 부어 범벅을 만든다.
4. 차게 식힌 범벅에 누룩을 넣고 고르게 혼화한다.
5. 술밑을 술독에 담아 3~5일 발효시킨다.

덧술

1. 쌀을 깨끗이 씻어 6~8시간 물에 불린다.
2. 쌀을 건져 고두밥을 짓는다.
3. 고두밥이 식으면 밑술, 복숭아 발효액을 넣고 고르게 혼화한다.
4. 술밑을 술독에 넣고 발효관리한다.

자색양파로 빚은 양파술

음식문화학교 지리산 기행시 남원에 있는 실상사에 들렀다. 평지 가람인 실상사는 국보 1점과 보물 11점을 보유하고 있다.

실상사 길목에 시골 할머니들이 상추며 고추, 양파 등을 팔고 있다. 눈에 번쩍 띈 것이 자색양파다. 술을 빚으면 혹시라도 예쁜 색까지 묻어 나오지 않을까?

밑술에서 색이 예쁘게 묻어 났지만, 완성된 술까지 옮기진 못하였다. 양파의 단맛이 더해져 깔끔한 단맛이 감칠맛을 더해준다. 시음평이 좋아 세 번이나 빚었던 술이다.

양파주 빚기

- **재료**

  밑술: 맵쌀 800g, 누룩 500g, 양파 400g, 물 5L

  덧술: 찹쌀 5kg

- **술 빚기**

  밑술

  1. 쌀을 깨끗이 씻어 3~4시간 물에 불린다.
  2. 쌀을 곱게 가루내어 체에 내린다.
  3. 양조용수에 양파를 넣고 1~2시간 끓인다.

4. 양파 끓인 물로 범벅을 만들어 차게 식힌다.
5. 누룩을 넣고 고르게 혼화한다.
6. 술밑을 술독에 담아 3~5일 발효시킨다.

> • 술에서 양파냄새는 나지 않을까?
>
> 밑술 발효 중에 양파냄새가 많이 났다. 완성 발효주에서 양파냄새가 날까 하여 마음 조였다. 덧술 발효 중에 양파냄새는 탄산가스가 물고 사라졌다. 양파의 단맛이 더해진 깔끔한 술 맛이다.

덧술

1. 찹쌀을 깨끗이 씻어 6~8시간 물에 불린다.
2. 고두밥을 지어 차게 식힌다.
3. 고두밥에 밑술을 넣고 고르게 혼화한다.
4. 술밑을 술독에 담아 발효관리한다.

자두주

자두의 종류는 여러 가지가 있다. 맛도 각양각색이고 색도 다양하다. 속까지 빨간 피 자두를 보고 자두를 이용한 술을 만들고 싶어 한 상자를 사서 설탕을 넣고 자두 발효액을 만들었다.

자두 발효액에 예쁘게 색이 묻어난다. 술까지 예쁜 색이 묻어날까? 생각처럼 예쁜 색은 술에 묻어나지 않았다. 새콤하면서 감칠맛 나는 술. 식전 주로 안성맞춤이다.

이름표를 달지 못하고 술이 태어났다. 속까지 붉은 자두를 연상하는 '피바다'로 하고 싶었지만 확정하지 못하였다. 자두꽃 향기를 뜻하는 '매혹'은 어떨까?

자두주 빚기

• 재료

밑술: 찹쌀 800g, 누룩 450g, 물 5L
덧술: 찹쌀 4kg, 자두 발효액 500ml

• 술 빚기

밑술
1. 쌀을 깨끗이 씻어 3~4시간 물에 불린다.
2. 쌀을 곱게 가루 내어 체에 내려준다.

3. 끓는 물을 부어 범벅을 만들어 차게 식힌다.
4. 누룩을 넣고 고르게 혼화한다.
5. 술덧을 술독에 담아 3~5일 발효시킨다.

덧술

1. 찹쌀을 깨끗이 씻어 6~8시간 물에 불린다.
2. 찹쌀 고두밥을 지어 차게 식힌다.
3. 고두밥에 밑술, 자두 발효액을 넣고 고르게 혼화한다.
4. 술덧을 술독에 담아 발효관리한다.

죽순주(竹筍酒) 죽향(竹香)

음식문화학교 담양기행 시 담양시장을 지나치며 죽순을 발견했다. 버스까지 세우며 죽순을 샀다. 죽순으로 술을 빚으면 녹파주 같은 술이 되지 않을까 생각했다. 인터넷 검색을 해보니 죽순에 독이 있어 죽순요리의 경우 삶아서 사용한다고 했다. 죽순을 깨끗이 손질해서 삶았다. 죽순을 삶아낸 푸르스름한 물이 탐이 났지만 혹시 독이 있지 않을까 염려되어 삶은 죽순만 사용했다.

의외로 술맛이 깔끔하다. 과일이나 다른 채소류를 이용한 술보다도 깔끔하고 감칠맛이 뛰어났다. 대나무의 정절이 술에 배어난 듯하다.

사소한 감정싸움으로 소원해진 분들의 화해주로 사용하기도 했다. 다시 빚어보고 싶은 술 목록에 올랐다. 올해에는 아뿔싸 마음만 바빠 죽순 나오는 시기를 놓치고 말았다.

죽순주 빚기

- **재료**

    밑술: 멥쌀 800g, 누룩 500g, 물 4.5L
    덧술: 찹쌀 5kg, 죽순 250g

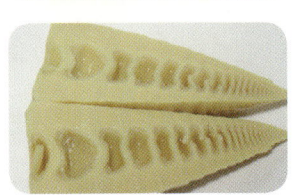

• 술 빚기

밑술

1. 쌀을 깨끗이 씻어 3~4시간 물에 불린다.
2. 쌀가루를 내어 체에 한번 내려준다.
3. 끓는 물을 부어 익반죽하여 식힌다.
4. 누룩을 넣고 고르게 치대어준다
5. 술 밑을 술독에 담아 3~5일 발효시킨다.

덧술

1. 찹쌀을 깨끗이 씻어 6~8시간 물에 불린다.
2. 고두밥을 지어 차게 식힌다.
3. 죽순을 손질하여 물에 삶아 식힌다..
4. 고두밥에 밑술과 삶은 죽순을 넣고 고르게 치댄다.
5. 술밑을 술독에 담아 발효관리한다.

포도주

사람들은 왜 와인에 매료되는가? 고급스런 이미지, 아니면 와인의 다양한 향 때문이 아닐까? 필자는 와인이 어색하다. 기관지가 좋지 않아 아황산염에 대한 거부감도 있지만 와인에 대한 맛과 향을 모르기 때문이기도 하다.

우리나라는 기후조건이나 토양이 와인생산용 포도 재배에 적합하지 않다. 일반적으로 포도 당도의 50%가 와인의 알코올 도수가 된다. 우리나라 포도는 당도가 16~18브릭스 정도이므로 설탕을 첨가하여 당도를 24브릭스 정도 맞추어야 12%의 와인을 만들 수 있다.

우리 선조들은 당분이 부족한 포도의 단점을 쌀의 전분을 이용하여 전통포도주를 만들었다.

먹기 좋은 거봉포도와 머루포도로 빚은 전통포도주는 색과 향이 부족했다. 세 번째로 캠벨얼리로 빚은 포도주는 향도 제법이고 색깔이나 맛 또한 일품이다.

와인을 좋아하는 친구 내외가 상품화시켜 보라고 권유하던 포도주가 탄생했다.

포도주 빚기

• 재료

찹쌀 5kg, 누룩 500g, 포도 1~1.5kg, 물 4L

• 술 빚기

1. 쌀을 깨끗이 씻어 6~8시간 물에 불린다.
2. 포도 알을 따서 깨끗이 씻어 물기를 말린다.
3. 물을 끓여 식힌다.
4. 고두밥을 지어 차게 식힌다.
5. 고두밥에 포도, 물, 누룩을 넣고 포도알을 터뜨리며 혼화한다.
6. 술밑을 술독에 담아 발효관리한다.

• 포도 처리 방법

포도알 분리 ┄┄┄▶ 혼화 전 ┄┄┄▶ 혼화하기 ┄┄┄▶ 혼화 후

• 단양주로 빚을까? 이양주로 빚을까?

전통포도주는 단양주나 이양주로 빚을 수 있다.
단양주의 경우 포도의 색이 선명하고 깊은 향을 느낄 수 있다.
이양주의 경우에 발효과정이 길어 색이나 향이 단양주에 비하여 떨어지지만 알코올 도수가 높아 드라이하고 깊은 맛을 느낄 수 있다.
이양주로 포도주를 빚은 경우에 포도는 덧술에 사용한다.

호박술 '황금(黃金)'

호박은 여러가지 약효가 있다. 산후 임산부의 부종치료에 특히 효과가 있다. 호박을 쪄서 먹기도 하고, 약재를 첨가하여 즙을 내어 먹기도 한다.

흔한 식물이며 토양을 가리지 않고도 잘 자라는 식물이다. 한때 전원 카페를 할까 하고 준비했던 밭에 호박을 심었다. 늙은 호박을 100통도 넘게 수확해서 아파트 단지에서 펼쳐 놓고 어머니와 팔던 생각이 난다.

작년에도 옥상 좁은 화단에 애호박용과 늙은 호박용을 심어 꽤 많은 호박을 따서 이웃과 나누어 먹었다.

호박술은 단호박과 늙은 호박을 이용하여 빚을 수 있다. 옥상에서 수확한 늙은 호박을 이용하여 술을 빚었다. 단호박으로 빚은 술보다 색감이 더 좋다.

호박술 빚기

• 재료

밑술: 멥쌀 800g, 누룩 500g, 물 5L

덧술: 찹쌀 5kg, 호박 1.2kg

• 술 빚기

밑술

1. 쌀을 깨끗이 씻어 3~4시간 물에 불린다.
2. 쌀을 곱게 가루 내어 체에 내린다.
3. 쌀가루에 끓는 물을 고루 부어 범벅을 만든다.
4. 범벅을 차게 식힌다.
5. 범벅에 누룩을 넣고 고르게 혼화한다
6. 술밑을 술독에 넣고 발효시킨다.

덧술

1. 쌀을 깨끗이 씻어 6~8시간 물에 불린다.
2. 호박을 깨끗이 씻은 후에 잘라서 속을 제거한다.
3. 호박 껍질을 벗겨내고 고두밥과 함께 찐다.
4. 고두밥과 호박을 차게 식힌다.
5. 고두밥, 호박에 밑술을 넣고 고르게 혼화한다.
6. 술덧을 술독에 담고 발효관리한다.

- 호박술 덧술 ~ 채주까지

호박 자르기 → 껍질제거 → 삶아내기 → 혼화 전
혼화 후 → 발효완료 → 청주 채주 → 탁주 채주

- 호박 익히기

처음 호박 술을 빚을 때 고두밥이 한 김 나고 위에다 호박을 얹어 쪘는데 겉부분이 무르게 익지 않았다.
두 번째 빚을 때는 처음부터 고두밥 위에 얹어 찌니 무르게 잘 익었고 발효도 잘 되었다.

4. 술을 이용한 술 빚기

술을 이용하여 빚는 술은 속성주가 대부분이다. 제사나 혼사 등에 사용할 술이 실패하였을 경우에 급하게 술을 빚어야 한다. 또한 예기치 않은 행사 등에도 속성주가 필요하다.

계명주는 닭이 우는 하룻밤 사이 익는다는 술이다. 일일주, 삼일주, 하절 삼일주, 동절 삼일주, 사절 삼일주, 십일주 등 속성주의 종류가 많다. 속성주는 발효를 촉진하기 위하여 죽이나 설기형태 등 쌀을 가공하여 사용하고, 누룩도 수곡형태로 사용하며 따뜻한 곳에서 발효시킨다.

속성주의 경우 미숙주 형태로 숙취를 유발한다. 정말 급하게 필요하여 빚는 경우가 아니라면 충분한 숙성 기간을 거치는 것이 좋다.

'급시청주'나 '급청주'는 청주를 빨리 얻기 위하여 기존 막걸리를 이용하여 빚는 술이다. 밤을 새우며 마시는 '사시통음주'도 술을 이용한다.

급시청주　　　　　　사시 통음주　　　　　　삼일주

급시청주(急時淸酒)

급시청주는 '청주를 급하게 만드는 방문'으로 급할 때 빨리 빚은 청주를 말한다. 급청주, 벼락술, 진도지방의 천석꾼 집안에 전해오던 동방주(東方酒) 등은 막걸리를 이용하여 급히 빚는 청주이다. 방향이 뛰어나고 맛도 좋다.

〈산가요록〉 방문에는 죽을 쑤라고 되어 있고 물량이 없다. 막걸리양과 같은 물을 사용하여 죽을 쑤었다

산가요록에 의하면 3~4일이 지나 말갛게 되면 먹는데, 좋은 청주 세 병을 얻을 수 있다. 만약 술이 맑아지지 않으면 탁주로도 쓸 수 있으며 부목(부의주)이나 삼해주처럼 맛이 좋다고 기록하고 있다.

급시청주 빚기

• **재료**

　　찹쌀 2.7kg, 누룩200g, 물 5.7L, 밀가루 160g, 막걸리 5.7L

• **술 빚기**

　　1. 쌀을 깨끗이 씻어 3~4시간 물에 불린다.
　　2. 쌀을 곱게 가루 내어 체에 한번 내린다.
　　3. 죽을 쑤어 차게 식힌다.
　　4. 죽에 막걸리, 누룩, 밀가루를 넣고 고르게 혼화한다.
　　5. 술덧을 술독에 담아 발효관리한다.

> • **고두밥으로 급청주 빚기**
>
> 　급청주류 술 빚기에서 재료 처리 방법으로 고두밥을 사용하는 방법도 있다. 고두밥보다 죽을 이용하면 더 빠르게 청주를 얻을 수 있다.
> 　고두밥으로 급청주를 빚을 경우 물을 사용하지 않고 막걸리를 사용한다. 이 경우 탕수를 식혀 희석하여 알코올 도수가 높지 않게 하여야 한다.

사시통음주(四時通飮酒)

밤새워 마실 수 있는 술은 어떤 술일까? 청주를 이용하여 사시통음주를 빚었다. 뒷맛에 살짝 쓴맛이 느껴지며 마실수록 매력적이다. 알코올 도수도 높지 않고 빨리 취하지도 않아 밤을 새우며 통음할 수 있는 술인가 보다. 술맛이 매력적이지만 통음을 즐기지 않아 한 번 술빚기로 마감한 술이다.

사시통음주 빚기

• 재료

밑술: 멥쌀 2kg, 누룩 400g, 물 5.7L
덧술: 멥쌀 3.6kg, 밀가루 30g, 좋은 청주 200ml

• 술 빚기

밑술

1. 멥쌀을 깨끗이 씻어 3~4시간 물에 불린다.
2. 곱게 쌀가루를 만들어 체에 내린다.
3. 죽을 쑤어 차게 식힌다.
4. 죽에 누룩을 넣고 고르게 혼화한다.
5. 술밑을 술독에 넣고 3~5일 발효시킨다.

덧술

1. 찹쌀(멥쌀)을 깨끗이 씻어 6~8시간 물에 불린다. 방문에 덧술은 멥쌀로 되어 있으나 찹쌀 사용
2. 고두밥을 지어 차게 식힌다.
3. 고두밥에 밑술, 청주, 밀가루를 넣고 고르게 혼화한다.
4. 술밑을 술독에 담아 발효 관리한다.

- **밀가루 사용**

  덧술에 사용하는 밀가루를 청주에 불렸다가 사용하는 방법도 있다. 이번 술 빚기는 청주와 밀가루를 별도로 고두밥에 넣어 사용하였다.

삼일주(三日酒)

일일주, 삼일주, 칠일주 등은 짧은 기간에 술이 완성되는 속성주이다. 속성주는 빚은 술이 잘못 되거나, 급하게 술을 빚을 필요가 있을 때 빚는 술이다. 삼일주는 주품명처럼 삼일 만에 술이 되는 속성주이다. 속성주의 경우 짧은 기간에 완전한 발효가 어려우므로 미숙주가 된다. 술맛도 떨어지고 숙취나 트림 등을 유발하기도 한다.

삼일주는 25~28도에서 삼일 만에 술이 완성된다.

미숙주에서 벗어나기 위해 20도에서 2주간 발효관리 해 보았다. 숙취까지 생각하며 많이 마시지는 않았지만 트림은 없었다. 속성주지만 술맛도 기대 이상이다.

- **속성주 빚을 때 주의점**
  1. 멥쌀보다는 찹쌀을 사용한다.
  2. 누룩은 수곡(水麯) 처리하여 사용한다.
  3. 석임을 사용하거나 생 막걸리를 사용한다.
  4. 높은 온도에서 발효관리한다.
  5. 충분히 치대어준다

삼일주 빚기

• 재료

찹쌀 2.7kg, 누룩 200g, 밀가루 160g, 탁주 300ml, 물 2.9L

• 술 빚기

1. 찹쌀을 깨끗하게 씻어 4~5시간 물에 불린다.
2. 불린 쌀을 통째로 넣어 무르게 죽을 끓인다.
3. 죽을 차갑게 식힌다.
4. 죽에 누룩, 밀가루, 탁주를 넣고 고르게 치댄다.
5. 술밑을 술독에 담아 발효관리한다.

• 술 빚기 공정

죽 쑤기 → 탁주 붓기 → 혼화 전
혼화하기 → 입항 → 2일차

• 통쌀로 죽 쑤기

통쌀로 쑨 것을 왼죽, 쌀을 거칠게 갈아 쑨 것을 원미죽, 가루를 내어 쑨 것을 무리죽이라 부른다. 왼죽은 가장 쑤기 힘든 죽이다.

죽을 쑤는 포인트는 '은근한 불에 쌀알이 잘 어우러지게 저어주며 쑤는 것이다'. 죽은 쌀양의 3~5배의 물을 넣어야 한다. 불린 쌀이지만 적은 양의 물로 죽을 쑤는 것이 쉽지 않다. 쌀을 8시간 정도 충분히 불려서 사용한다.

처음에 센 불로 끓이다가 중불보다 약하게 줄여주고 고르게 저어주어 바닥이 타지 않도록 한다. 죽이 익으면 불을 끄고 5분 정도 뜸을 들인다. 아주 된 죽이 완성되었다.

정해진 물량을 나누어 밥을 지어 죽을 쑤면 어떨까 하는 생각을 해 보았다.

죽 쑤기는 분명 수월할 텐데 술 맛에 어떤 영향을 미칠까?

청감주(淸甘酒)

청감주는 고문서 〈고사촬요〉, 〈산림경제〉, 〈임원십육지〉 등 여러 문헌에 소개된 술로 술의 빛깔이 맑고 단맛이 강한 술이다. 일반적으로 누룩을 이용하고 물을 사용하지 않거나 물을 아주 소량으로 사용하는 '동정춘', '하향주'의 경우 술 빚기와 발효관리가 어려워 원하는 만큼 좋은 술을 기대하기 쉽지 않다.

청감주의 경우 물을 사용하지 않고 효모가 살아있는 신선한 술을 사용하여 술을 빚으므로 술 빚기가 용이하고 꿀맛 나는 술을 얻기 쉽다. 사용하는 술 량의 가감에 의하여 단맛을 조절할 수 있다. 사용하는 술 량이 적으면 탄수화물이 당화되어 알코올화 되지 못하고 남은 잔당이 많아 단맛이 강하며, 사용하는 술의 량이 많아질수록 단맛이 줄어든다.

속성주의 경우 일반적으로 술을 이용하여 빚는다. 삼일주나 십일주 등은 술 빚기에 사용하는 급수량의 10% 정도 막걸리를 이용하여 술을 빚으며, 주로 많은 량의 탁주를 얻기 위한 목적으로 빚는다.

급청주나 급시청주의 경우 일반적으로 급수량과 1:1의 비율로 막걸리를 이용하여 술을 빚으며 청주를 얻기 위한 목적으로 빚는다.

이에 비하여 청감주는 물을 사용하지 않고 청주나 막걸리를 사용하여 감미가 있는 술을 얻는 것을 목적으로 빚는 술이다.

채주한 지 얼마 되지 않는 탁주와 청주를 이용하여 술을 빚었다. '동정춘'이나 '하향주'와는 또 다른 단맛의 향기 있는 술을 얻었다.

청감주 빚기

- **재료**

  찹쌀 5.4kg, 누룩가루 200g, 청주 1.7L, 탁주 1.7L

- **술 빚기**

  1. 찹쌀을 깨끗이 씻어 6~8시간 물에 불린다.
  2. 불린 쌀을 헹구어 물을 뺀 후 고두밥을 짓는다.
  3. 고두밥을 차게 식힌다.
  4. 고두밥에 누룩가루, 청주, 탁주를 넣는다.
  5. 재료를 고르게 혼화한다.   6. 술밑을 술독에 담아 발효관리한다.

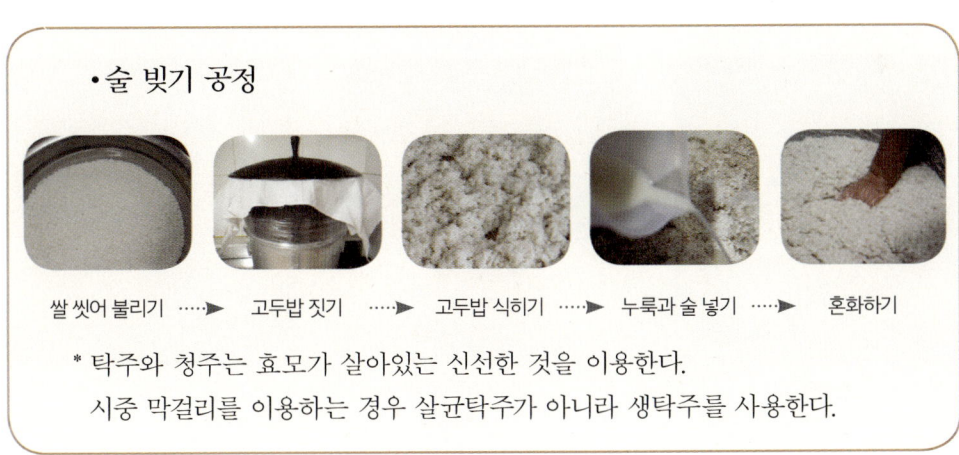

- **술 빚기 공정**

쌀 씻어 불리기 ▶ 고두밥 짓기 ▶ 고두밥 식히기 ▶ 누룩과 술 넣기 ▶ 혼화하기

* 탁주와 청주는 효모가 살아있는 신선한 것을 이용한다.
  시중 막걸리를 이용하는 경우 살균탁주가 아니라 생탁주를 사용한다.

5. 과하주 및 기타 술 빚기

앞에서 소개한 술 빚기 방법에 포함하기 어려운 술들을 별도로 분리하였다. 혼양주인 과하주, 일상생활에서 통용되는 단술 감주와 식혜, 모주, 개고기를 이용한 술 빚기, 석임 법, 음양곽주, 자작나무 수액으로 빚은 술을 다루었다.

김천 과하주

감주

모주

음양곽주

무술주

석임

과하주(過夏酒)

과하주는 발효주에 증류주를 넣어 후발효시킨 혼양주이다. 알코올 도수를 높여 저장성을 좋게 하여 '여름을 나는 술'이다. 발효주에 증류주를 첨가하여 알코올 도수도 높아지고 발효가 중단되어 잔당이 많이 남게 된다. 독하면서도 달콤한 술이 되는 이유다.

우리나라에서 역사가 가장 오래된 술이 탁주다. 탁주는 약주와 청주로 고급화되었다. 고려시대에 증류소주가 도입되었다. 조선시대에 혼양주인 과하주가 등장하였다.

발효주의 장점과 증류주의 장점을 취한 것이 과하주이다. 과하주는 1670년경 안동장씨(장계향)가 쓴 한글필사본 조리서〈음식디미방〉에 등장한다. 포르투갈의 포트와인도 와인에 증류한 럼주를 혼합한 빌효주다. 과하주는 17세기에 등장한 포르투갈의 포트와인보다 앞섰다. 선조들의 지혜가 담겨있는 술이다.

• 발효주와 증류주의 비교

구분	발효주	증류주
장점	순하고 부드럽다 맛과 향이 좋다	상온에서 보관성이 좋다
단점	보관성이 약하다	맛이 자극적이다.

시판중인 과하주로는 임진왜란 시 명나라 이여송 장군과 관련설이 전해지는 '김천과하주'와 김천일 장군이 애용하여 장군주라 불리는 '전주과하주'가 있다. 송순을 넣어 빚는 '송순주', 보성 '강하주' 등도 과하주이다. 고문헌에 의하면 과하주법은 단양주가 대부분이나 이양주법도 등장한다.

과하주 빚기(단양주법)

• 재료

찹쌀 4kg, 누룩 400g, 물 2.7L, 증류소주 2~3L

• 수곡 만들기
1. 물을 끓여 차게 식힌다.
2. 식힌 물에 누룩 400g을 넣어 5~7시간 담가둔다.
3. 체나 거름망에 누룩을 거른다.

• 술 빚기

1. 쌀을 깨끗이 씻어 6~8시간 물에 불린다.
2. 쌀을 건져 1시간 물을 빼준다.
3. 고두밥을 지어 차게 식힌다.
4. 고두밥에 수곡 거른 물을 넣고 고르게 혼화한다.
5. 술덧을 술독에 담아 발효시킨다.
6. 4~5일 후 증류주를 부어주고 발효관리한다.

과하주 술빚기(이양주)

• **재료**

밑술: 멥쌀 800g, 누룩 400g, 물 3.2L

덧술: 찹쌀 4kg, 증류소주 2~3L

• **술 빚기**

밑술

1. 쌀을 깨끗이 씻어 3~4시간 물에 불려준다.
2. 쌀을 건져 물기를 뺀 후 곱게 가루 낸다.
3. 쌀가루를 중 체에 내려준다.
4. 물을 끓여 범벅을 만든다.
5. 범벅을 차게 식혀 누룩을 넣고 고르게 혼화한다.
6. 술덧을 술독에 넣고 3~5일 발효시킨다.

덧술

1. 쌀을 깨끗이 씻어 6~8시간 물에 불려준다.
2. 고두밥을 지어 차게 식힌다.
3. 고두밥에 밑술을 붓고 고르게 혼화한다.
4. 술밑을 술독에 담아 발효시킨다.
5. 덧술 3~5일 후 증류소주를 부어주고 발효관리한다.

• 사용하는 증류주 품질

사용하는 증류주는 중품소주(알코올 25~30%)를 사용한다. 시판되는 증류주나 직접 증류한 소주를 사용한다. (희석식 소주는 사용하지 않는다) 알코올도수가 높은 경우에는 끓여 식힌 물을 희석하여 알코올도수를 조절한다.

예시

알코올 50% 증류소주 1리터를 30%로 만드려면 얼마나 물을 첨가하나?

방법 1

- 가수량=(현재 알코올% - 원하는 알코올%/원하는 알코올%) × 술량
    =(50-30/30) × 1,000mL
    = 667mL

방법 2

- 가수 후 술량=현재 알코올% × 술량 / 원하는 알코올%
    = 50 × 1 / 30 = 1,667mL
- 가수량 = 가수 후 술량 - 현재 술량 = 667mL

• 증류주 투입시기

증류주를 넣는 시기에 따라 술맛이 다르고 사용되는 증류주의 양도 달라진다. 주발효가 끝난 후에 소주를 넣는 경우 단맛이 나는 과하주가 되나 증류주를 많이 부어야 한다.

발효 후반에 소주를 붓는 경우 드라이한 과하주가 되며 상대적으로 적은 증류주를 넣어주면 된다.

자신이 원하는 과하주에 따라 증류주 투입시기를 결정한다. 과하주의 목적이 달콤하면서 알코올도수가 높은 술이므로 주발효가 끝난 후에 넣어주는 것이 일반적인 방법이다. 이 시기는 전분이 당화과정을 거친 상태로 서서히 알코올이 생기기 시작하는 시기이다.

감주(甘酒)와 식혜

감주(甘酒)는 단술을 말한다. 식혜도 단술, 감주라고 부른다

가장 오래된 음식조리서인 〈산가요록〉에 3가지의 감주 제조법이 소개되어 있다.

첫번째 방법은 엿기름을 이용하여 빚는 방법으로 하룻밤 만에 먹는다. 오늘날의 식혜와 같다. 엿기름 속에는 당화효소만 있고 효모는 없다. 당화효소에 의하여 전분이 포도당으로 바뀐 것이므로 알코올은 없다.

두 번째 방법은 이양주로 빚는 술이고, 세 번째 방법은 죽을 쑤어 누룩을 넣어 하루 만에 먹는 저알코올 술이다.

산가요록 방법 1

- **엿기름 만들기**
  1. 겉보리를 깨끗이 씻어 따뜻한 곳에서 싹을 틔운다.
  2. 싹이 씨앗의 길이만큼 될 때까지 키운다.
  3. 싹이 난 겉보리를 바짝 말린다.
  4. 절구에 찧어 껍질을 없애고 체에 친다.

- **술 빚기**

멥쌀 1말을 깨끗이 씻어 곱게 가루를 내어 죽을 쑤어 식힌 후 엿기름 3수저를 골고루 섞어 항아리에 담아 하루 밤 지난 뒤에 먹는다.

산가요록 방법1 감주 빚기

•재료

쌀 400g, 물 1.8L, 엿기름 80g, 설탕 100g

•술 빚기

1. 쌀을 깨끗이 씻어 3~4시간 물에 불린다.
2. 쌀가루를 내어 죽을 쑨다.
3. 엿기름을 고운 체에 내린다.
4. 따뜻하게 식은 죽에 엿기름 가루를 넣고 혼화한다.
5. 항아리에 담아 따뜻하게 관리한다.
6. 24시간 지난 뒤에 불에 끓인 후 설탕으로 맛을 낸다.

죽 쑤기

당화관리

완성 식혜

미음 같은 음료가 되었다. 현대식 식혜에 익숙해서 밥알이 없으니 낯설다. 시각적으로는 내키지 않았으나 맛을 보니 식감도 부드럽고 달콤함이 매혹적이다.
죽으로 하여 당화도 빠르게, 많이 된 느낌이다.
가족과 지인들에게 시음을 시켜 보았다. 보기보다 맛있다고 한다.

산가요록 방법 2

 찹쌀과 멥쌀 1말을 가루 내어 구멍떡을 만들어 속까지 익도록 삶은 후 식혀서 누룩가루 두 되를 섞어 항아리에 넣어둔다.

 봄. 가을이면 7일, 여름이면 5일 뒤에 찹쌀과 멥쌀 2말을 물에 하루 동안 담갔다가 쪄서 식힌 후 누룩 없이 밑술에 넣어 익으면 먹는다.

산가요록 방법 3

 찹쌀과 멥쌀 두 되를 가루 내어 죽을 쑨다. 죽이 식기 전에 누룩 2홉과 찬물 1홉을 넣고 버무려 항아리에 담은 후 베 보자기로 덮어둔다.

 오늘 빚으면 다음 날에는 쓸 수 있다.

 전분질재료의 처리는 발효가 더딘 고두밥보다는 죽이나 구멍떡, 물송편 등을 이용하여 술을 빚는다. 또 누룩 미생물의 활성화를 위하여 누룩을 물에 담갔다가 사용하고 따뜻하게 발효시킨다.

감주 빚기(이양주): 조선무쌍 주방문 적용

• 재료

  밑술: 멥쌀 560g, 누룩 420g, (물 1.2L)

  덧술: 찹쌀 5.6kg

• 술 빚기

 밑술

 1. 멥쌀을 깨끗이 씻어 3~4시간 물에 불린다.
 2. 쌀을 곱게 빻아 반죽하여 물송편을 만든다.
 3. 물송편을 끓는 물에 삶아내어 으깬다.
 4. 떡 삶은 물을 넣고 차게 식힌다.
 5. 누룩을 넣고 고르게 혼화한다.
 6. 술덧을 술독에 담아 보쌈하여 따뜻하게 발효관리한다.
 7. 2~3일 후 덧술을 한다.

 덧술

 1. 찹쌀을 깨끗이 씻어 6~8시간 물에 불린다.
 2. 고두밥을 지어 차게 식힌다.
 3. 고두밥에 밑술을 붓고 고르게 혼화한다.
 4. 보쌈하여 따뜻하게 2~3일간 발효시킨다..
 5. 주발효가 끝난 후 찬 곳에서 발효관리한다.

• 물송편 공정

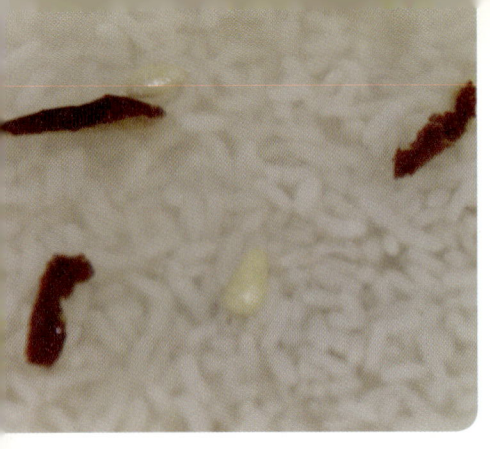

식혜(단술, 감주)

구순이 넘은 어머니는 지금도 식혜를 감주라고 부른다. 설탕의 단맛은 싫어하지만 어릴 때부터 식혜를 좋아했다. 어머니는 설날에 식혜를 만들어 이가 떨릴 정도의 살얼음을 띄워 주셨다. 그때는 몰랐는데 술을 배우며 감주(甘酒)라는 술이 있는데 왜 식혜를 감주라고 했는지 새삼 궁금해 했다.

- 감주란?

국어사전에 감주란
1) 엿기름을 우린 물에 밥알을 넣어 식혜처럼 삭혀서 끓인 음식으로 '단술'로 순화.
2) 맛이 좋은 술을 말하고 있다.

감주란 어원이 고조리서 〈산가요록〉에서 유래되었는지 알 수 없지만 엿기름을 이용하여 만든 음료로서 식혜와 술을 함께 아우르고 있다.
사전적 의미로 식혜를 '단술'로 순화하고, 술은 감미가 있는 술이어야 하는데 '맛이 좋은 술'로 표현하고 있어 더욱 혼란스럽다.

'단술'과 '감주'를 어떻게 구분해야 하는지.
맛이 좋은 술은 모두 '감주'라고 해야 되는지 ….

어머니께서 만들어 주시던 식혜를 이제는 필자가 만든다. 아들이 아닌 손자들에게 주기 위해서다. 어쩔 수 없는 손자바보가 되었다. 엄마가 자기가 좋아하는 식혜를 만들어 주지 않는다며 애교 떠는 그 모습에 몇 차례 식혜를 만들었다.

식혜는 엿기름을 사용하여 전분을 당화시킨 것이다. 전분의 당화온도는 60~70도에서 잘 일어난다. 식혜 자체가 알코올을 목적으로 하지 않아 높은 온도에서 당화만 시키면 된다.

알코올을 얻는 목적인 경우 전분을 최대한 당화시켜야 많은 알코올을 만들어 낼 수 있다. 온도를 높게 관리하면 당화는 용이하나 효모는 사멸하게 된다. 전통누룩을 사용하는 경우 효모중심으로 발효관리를 할 수 밖에 없는 이유다. 그래서 전통주 빚기가 어려운 것이다.

식혜(감주, 단술) 만들기

- **재료**

  찹쌀 500g, 엿기름 400g, 물 3L, 설탕 150g

- **만들기**
  1. 엿기름을 1~2시간 따뜻한 물에 불린다.
  2. 고운 자루에 넣어 주물러 엿기름 물을 짜낸다.
  3. 엿기름 물을 2~3시간 방치하여 찌꺼기를 제거한다.
  4. 일반 밥과 고두밥의 중간 상태의 밥을 짓는다.

5. 전기밥솥을 보온으로 하여 밥과 엿기름 물을 넣고 밥을 풀어준다.
6. 3~4시간 후 밥알이 뜨면 끓여준다.

> • 밥알이 뜨는 식혜
> 끓이기 전에 밥알을 건져서 찬물에 헹구어 냉장고에 보관했다가
> 식혜 끓인 것이 식은 후 넣어준다.

7. 설탕을 넣고 저어주면서 거품을 걷어낸다.
8. 센 불로 5분 정도 끓이다가 약 불로 10분 정도 끓여준다.
9. 차게 식혀 잣, 대추 등을 넣어 마신다

• 식혜 공정

• 찹쌀식혜와 멥쌀식혜

찹쌀로 하는 식혜가 단맛이 더 많이 난다. 그러나 밥알이 잘 으깨져 미관상 좋지 않고 감촉도 나쁘다. 멥쌀로 하는 것은 단맛이 약하지만 밥알이 잘 뜬다.

식혜를 만들 때 생강을 넣거나 유자를 넣어 향이 나게 할 수도 있다.

모주

　모주(母酒)는 약주를 떠내고 남은 술지게미에 물을 부어 걸러낸 술이다. 인목대비 어머니 노씨의 제주도 유배 시 인근 술집의 '방문주'를 뜨고 남은 지게미를 얻어 물을 탄 막걸리를 팔아 생계를 유지했다고 해서 모주란 말이 생겼다는 대비 모주 설이 전해지고 있다.

　또 술을 많이 마시는 아들의 건강을 염려한 어머니가 막걸리에 각종 약재를 넣어 아들에게 주어 '모주'라 했다는 설도 있다.

　모주는 술지게미에 물을 타 걸러내, 각종 약재를 넣어 끓여 알코올이 증발되므로 알코올 도수도 3% 이하이다. 추운 날에 날품팔이 노동자들이 해장 겸 아침 대용으로 먹었던 술이다. 각종 약재를 넣은 따뜻한 모주는 혈액순환에 좋고, 숙면을 도우며, 감기예방에 효과가 있어 민간요법으로 쓰이기도 한다. 전주지방의 모주는 지금도 명성을 이어가고 있다.

- **모주용 술 만드는 방법**
  1. 술을 거르고 난 지게미에 물을 부어 만드는 방법
  2. 술지게미에 식힌 탕수를 부어 후발효를 시켜 만드는 방법
     이 방법은 손이 더 가지만 맛이 묵직하고 깊은 맛이 있다.
  3. 술지게미를 사용하지 않고 막걸리에 물을 3배 희석하여 만드는 방법

모주 만들기

• 재료

술지게미 3kg, 물 3L.

계피, 인삼, 대추, 생강, 감초, 당귀, 배, 설탕 등 각 10~20g

• 술지게미 이용법

1. 술지게미에 물을 넣고 10~15분 주물러준다.
2. 술 자루나 고운체를 이용하여 술을 거른다.
3. 재료를 깨끗이 씻어 손질한다.
4. 솥에 술과 재료를 넣고 20분 정도 끓여준다. 재료의 량은 각 10~20g 정도로 기호에 따라 가감한다.
5. 설탕은 마지막에 넣어 감미를 조절한다.

• 후발효 이용법

1. 술지게미에 탕수 식힌 물을 넣고 10분 정도 치대어 준다.
2. 술독에 담아 5~7일 발효시킨다.
3. 술덧을 술자루나 고운체를 이용하여 거른다.
4. 솥에 막걸리와 재료를 넣고 20분 정도 끓여준다.
5. 설탕을 넣어 감미를 조절한다.

• **재료 손질**

    1. 계피는 물에 씻어 통계피로 사용한다.

    2. 인삼은 칫솔로 깨끗이 씻는다.

    3. 대추는 물에 씻어 씨를 빼낸다.

    4. 생강은 껍질을 벗겨 편으로 썬다.

    5. 배는 껍질을 벗기고 속을 제거한다.

    6. 술지게미에 물을 넣고 모주용 술을 걸러낸다.

• **모주 끓이기**

    1. 솥에 설탕을 제외한 재료를 넣고 강한 불로 끓인다.

    2. 끓기 시작하면 약한 불로 1시간 달인다.

    3. 바닥에 눌지 않도록 잘 저어준다.

    4. 설탕이나 꿀 등으로 맛을 조절한다.

    5. 체에 걸러낸다.

막걸리 이용한 모주 만들기

• 재료

물 2L, 막걸리 1L, 계피 15g, 대추 15개, 생강 1뿌리, 배 1개,
인삼 1뿌리, 설탕 100g

막걸리에 물을 희석하고 재료를 넣어 끓이지 않고, 약재를 달인 후 막걸리를 넣어 끓이는 방법으로 하였다. 맛이 더 깔끔한 모주가 되었다.

• 술 빚기

1. 물 2리터에 재료를 넣고 30분간 끓인다.
2. 약재 달인 것을 깁체에 거른다.
3. 약재 거른 물에 막걸리 1리터를 넣고 10분간 끓인다.
4. 설탕 100g을 넣어 넣어 맛을 조절한다.

손질한 재료 ········▶ 재료 끓이기

막걸리 끓이기 ········▶ 완성 모주

3년 된 무술주

무술주(戊戌酒)

애견가들은 놀랄 일이지만 무술주는 개고기로 빚은 술이다. 15세기 명나라 의서 〈활인심방〉에 무술주가 등장한다. 제조법과 '무술주는 원기를 보하고 양기를 돋우는 보신주'라고 기록하고 있다. 우리나라도 〈동의보감〉과 〈산림경제〉, 〈증보산림경제〉, 〈임원십육지〉, 〈양주방〉 등 여러 고문헌에 등장하는 보양술이다.

술(戌)은 12간지의 개를 말한다. 동의보감에 무술주는 공복에 한잔씩 먹으면 '원기를 보하며 노인이 먹으면 더 좋다'고 하고 있다. 호기심과 함께 구순 노모를 드린다는 핑계거리를 찾으며 술을 빚었다. 성질이 온순하고 몸집이 크지 않은 황구로 빚어야 하는데 그런 것을 구하기가 어렵다. 시장에서 앞다리 두 개를 샀다.

술이 될까 의아심이 생겼지만 새콤하면서 기름기가 살짝 도는 비릿하고 보약 같이 걸쭉한 술이 새롭다.

술 먹는 걸 무슨 약이라도 먹듯이 거절하던 친구가 몸에 좋다니 세 잔을 연거푸 마셔댄다. 필자는 개를 곤다고 열두 시간 동안 기름기 걷어내며 코에 익숙해진 비릿한 냄새가 계속 나는 것 같아 겨우 한잔을 마셨다.

구순 노모가 '개로 무슨 술을 만드냐' 며 의아해 하시면서도 챙겨 드시는 모습에 잘 빚었다는 생각이 들었다.

• <양주방>의 무술주

<양주방>에 무술주 빚는 두 가지 방법이 기록되어 있다.

첫째 방법
좋은 누렁개를 잡아 네 동강을 내어 국물이 서 말이 될 때까지 푹 삶고, 국물에 뜬 기름을 다 건져낸 다음 그 물에 찹쌀 서 말을 넣어 익히는 것이다. 이때 기름을 걷어낸 것은 박한 맛이 나고 기름을 넣은 것은 온중한 맛이 나는데, 개를 깨끗이 씻지 않으면 술이 맑지 않다.

둘째 방법
누렁개 한 마리를 가죽을 벗겨 머리와 내장은 빼고 네 동강을 내어 알맞은 독에 넣은 다음 찹쌀 한 말이나 한 말 반을 쪄서 누룩가루를 알맞게 섞어 역시 독에 담아 1년간 땅에 묻어 익힌다. 이듬해 1년이 되는 날 뚜껑을 열어보면 고기가 다 녹아 말삷고 맛이 맑고 독 쏘는 술이 되어 있다.

이 술은 특히 노인에게 좋으며 계속 세 마리 분을 먹으면 온갖 병이 다 없어지고 기운을 극히 보한다.

무술주를 빚을 때 주의해야 할 점은 개를 잡아 피를 씻지 말아야 하며, 술 빚은 날을 적어두어 돌이 되거든 꺼내야 한다.

무술주 빚기

• 재료

개고기 6kg, 찹쌀 4kg, 누룩 800g, 엿기름 100g, 탁주 1.5L, 물 8L

• 술 빚기

1. 개고기를 끓는 물에 한번 삶아서 찬물로 씻어낸다.
2. 물 8L에 개고기를 넣고 센 불로 끓이다가 약 불로 12시간 끓인다.
3. 찹쌀 80g을 넣고 끓이는 동안 뜨는 기름은 모두 걷어낸다.
4. 찹쌀을 깨끗이 씻어 6~8시간 물에 불렸다가 고두밥을 짓는다.
5. 고두밥과 개 고은 국물을 차게 식힌다.
6. 누룩과 엿기름, 탁주를 넣고 고르게 혼화한다.
7. 술밑을 술독에 담아 따뜻하게 발효시킨다.

석임

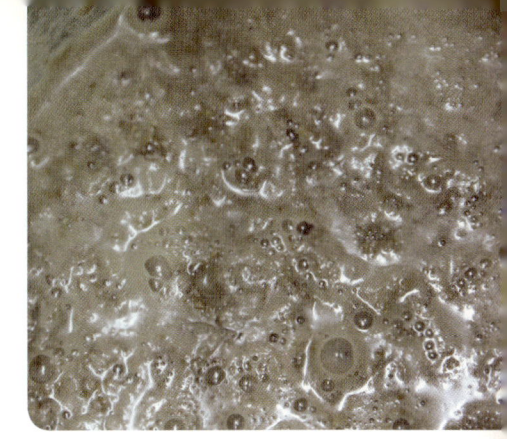

석임은 발효보조제로 서김, 썩힘, 바탕이라는 의미에서 부본(腐本)이라고도 한다.

석임은 누룩 속에 있는 젖산균과 효모를 대량 증식시켜 본 술을 빚을 때 안정된 발효를 시킬 수 있도록 한 선조들의 지혜가 담겨있는 배양효모이다.

석임은 밥이나 죽, 떡으로 만들 수 있다. 죽으로 빚는 석임의 경우 효모 활성화가 빠르나 오래 두고 사용하지 못하는 단점이 있다. 일반적으로 밥 석임 방법을 많이 이용한다.

주모가 되는 밑술은 본 술을 빚는 시기에 따라 빚어야 하나 석임은 미리 만들어 놓았다가 수시로 사용할 수 있는 장점이 있다.

석임 사용시 안정적인 발효를 유도할 수는 있다. 그러나 발효속도가 빨라져서 술 맛이 써시고 알코올 도수가 높아지는 문제가 있다.

- **재료**

  멥쌀 540g, 누룩 400g, 물 1.15L

- **밥 석임 빚기**

  1. 쌀을 깨끗이 씻어 물에 28~30시간 담가둔다
  2. 쌀 담갔던 물을 넣고 밥을 짓는다.
  3. 밥을 식혀 누룩을 넣고 혼화한다.

4. 술밑을 술독에 담아 발효시킨다.

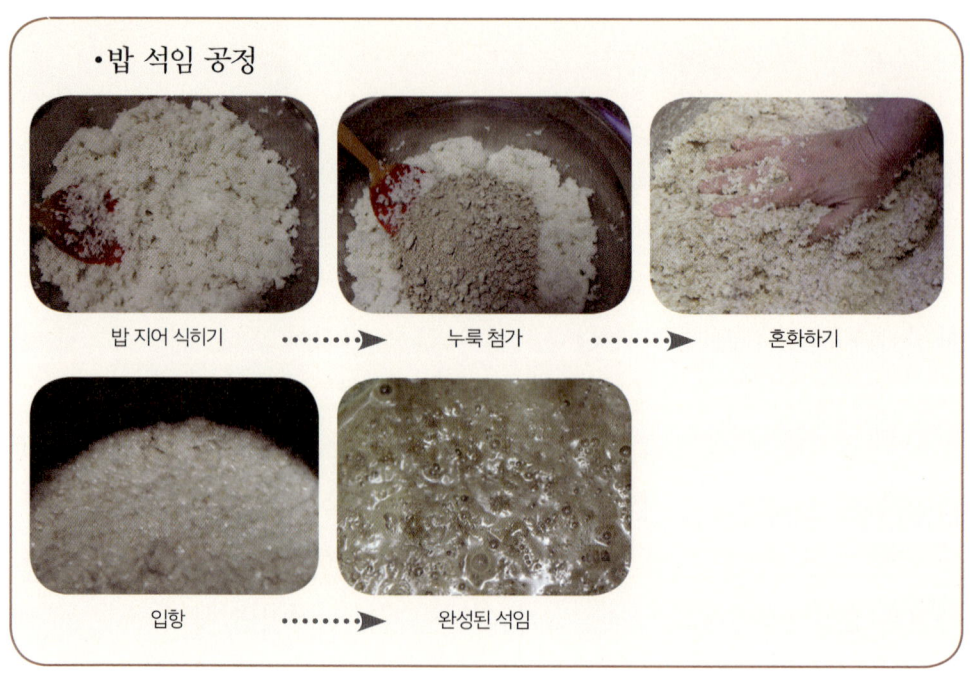

• 밥 석임 공정

밥 지어 식히기 → 누룩 첨가 → 혼화하기

입항 → 완성된 석임

• 죽 석임 빚기

1. 쌀을 깨끗이 씻어 물 1.15L에 28~30시간 담가둔다.
2. 쌀을 건지고 쌀 담갔던 물을 끓여 쌀에 붓고 하룻밤 재워둔다.
3. 물 500ml를 넣고 쌀이 익을 때까지 끓여 죽을 만든다.
4. 익힌 죽을 식힌다.
5. 누룩을 넣고 충분히 치대어 준다.
6. 술밑을 술독에 담아 3일간 발효시킨다.

•석임의 사용 및 보관

　석임은 빚은 지 3일째부터 사용할 수 있다. 사용량은 덧술에 사용하는 전분질 재료의 1/100을 사용하되, 최저 100ml를 사용한다.
　석임은 5도 이하 냉장보관하면 2개월까지 사용이 가능하다. 냉장보관한 석임은 사용하기 하루 전에 상온에 내 놓았다가 사용한다.
　석임을 별도로 빚지 않고 기존 덧술한 술을 이용할 수도 있다.

•석임의 미생물

　석임 속에는 일반미생물은 물론 효모와 젖산균이 많이 들어있다. 젖산균에 의하여 발효초기 잡균의 번식을 방지하고, 효모에 의하여 안정적인 발효가 가능하게 되는 것이다.
　필자가 빚은 석임에 대한 미생물 분석 자료에 의하면 36일까지 효모나 젖산균은 큰 변화는 없다.

•석임의 미생물 분석 log cfu/mL

경과일수	7일	11일	18일	25일	32일	36일
일반세균	6.90	6.75	6.68	6.89	5.69	6.69
효모	7.11	5.75	5.80	6.84	5.97	6.66
젖산균	7.69	8.11	7.82	7.48	6.96	7.00

* 2013년 필자가 빚은 석임을 농촌 진흥청에서 일자별로 분석한 자료임

음양곽주

음양곽은 '곽'이라는 숫양이 수십 마리의 암양을 거느리며 뜯어 먹던 풀이라는 데서 '음양곽(淫羊藿)'이라 불린다.

식물명으로는 한 뿌리에서 세 줄기가 나오고, 한 줄기에서 세 개의 잎이 나온다고 해서 '삼지구엽초'이다.

음양곽의 효능으로 성미는 맵고 달며 따스하고, 신양을 보하며 성기능을 높인다.

음위증, 불임증, 냉병, 허약증, 건망증 등에 좋고 정기를 크게 보강한다.

현재 주세법상에서 삼지구엽초는 식물약재로 사용을 허가하지 않은 재료다.

일반적으로 소주에 음양곽을 넣어 침출주로 하는 것이 약효가 더 좋다고 알려져 있다. 많은 남자들이 선호하는 약재인지라 음양곽을 넣은 발효주를 빚어 보았다.

음양곽주 빚기

- **재료**

  밑술: 멥쌀 800g, 누룩 450g, 물 2.5L

  덧술: 찹쌀 4kg, 물 2.5L, 음양곽 10g

• 술 빚기

밑술

1. 쌀을 깨끗이 씻어 3~4시간 물에 불린다.
2. 쌀가루를 내어 체에 내린다.
3. 끓는 물을 고르게 부어 범벅을 만든다.
4. 식힌 범벅에 누룩을 넣고 고르게 혼화한다.
5. 술밑을 술독에 담아 3~5일 발효시킨다.

덧술

1. 쌀을 깨끗이 씻어 6~8시간 물에 불린다.
2. 물에 음약곽을 넣고 1시간 정도 끓여 차게 식힌다.
3. 고두밥을 지어 차게 식힌다.
4. 고두밥에 밑술, 음양곽 달인 물을 넣고 고르게 혼화한다.
5. 술밑을 술독에 담아 발효 관리한다.

자작나무 수액을 이용한 술 - 자작(自酌)

자작나무는 줄기의 껍질이 종이처럼 하얗게 벗겨지고 얇아서 옛날에는 껍질을 이용하여 명함도 만들고 사랑의 연서도 써서 나누던 나무라고 한다. 북유럽에서는 사우나를 할 때 자작나무 가지를 다발로 묶어서 온몸을 두드리는데 혈액순환이 좋아진다고 한다.

벌레가 먹지 않아 건축, 세공에 사용되며, 자작나무 껍질은 생약명으로 백화피라 불리며 각종 염증성 질환의 치료와 류머티스, 통풍, 화상의 치료에 사용되어 온 약재다. 폐렴, 위염, 방광염, 기관지염, 편도선염, 치주염 등의 경우에 백화피를 달여 꾸준히 복용하면 효능이 있으며, 해독작용, 이뇨작용의 효능이 있어 기침을 멈추게 하고 이질, 설사, 신장염 등의 치료와 예방에 효과가 있다고 한다.

팔만대장경의 일부가 자작나무로 만들어져 벌레도 먹지 않고 뒤틀리지도 않으며 오랜 세월을 견뎌내고 있다.

이른 봄 자작나무 수액은 신경통, 류마티스, 소화불량에 효험이 있다고 하여 거제수나무나 고로쇠 나무의 수액과 함께 각광을 받고 있다.

친구가 2018. 3. 30일 자작나무수액을 가지고 술을 빚으라며 가지고 왔다. 몇 년 전에는 어떤 친구가 술을 빚으라며 보리수 열매를 가지고 온 적이 있다. 성의는 엄청 고마웠지만 무른 살들이 터져, 씻어서 생과로 이용할 수 없어서 발효액을 만들어 술을 빚은 적도 있다. 때로는 쉬고 싶은데 주위에서 술을 빚으라 한다.

행여 술에 부정한 기운이라도 스며들까 수액 한 모금도 맛보지 않고 평상시보다 더 공들여 술을 빚었다. 이양주로 빚고 싶었지만 수액의 신선도를 유지하기 위하여 며칠 전에 채주한 탁주를 이용하여 단양주로 술을 빚었다.

자작나무 수액의 유전자를 받아 푸르고 맑은 벽향주 같은 미주(美酒)가 탄생하였다. '자작나무가 내게로 왔다'란 시는 이런 사연을 안고 세상과 조우하였다.

술 이름을 자작(自酌)이라고 지었다. 수작(酬酌)문화에서 이제는 자신의 주량에 맞게 스스로 술을 따라 마시자는 의미를 담았다.

자작나무 수액을 이용한 술 빚기

• 재료

찹쌀 3kg, 누룩 250g, 자작나무 수액 3.0L, 탁주 0.5L

• 술 빚기

1. 찹쌀을 깨끗이 씻어 6~8시간 물에 불린다.
2. 불린 쌀을 물을 빼어 고두밥을 짓는다.
3. 고두밥을 차게 식힌다.
4. 고두밥에 누룩, 자작나무 수액, 탁주를 넣는다.
5. 재료를 고르게 혼화한다.
6. 술독에 담아 발효관리 한다

6. 증류용 술 빚기 및 증류하기

🫖 증류용 술 빚기

일반적으로 약주나 청주를 증류하여 소주를 얻을 수 있다. 약주나 탁주의 목적이 아닌 증류목적의 발효주를 빚는 방법도 있다.

증류 목적의 발효주는 물이나 누룩을 많이 사용하여 발효주 자체의 알코올 도수를 높이는 것이 과제다.

'인문학습원 막걸리학교' 동기생이 80L 스텐리스 발효통을 준비했다가 술을 빚지 못하고 필자에게 주었다. 증류용 술은 물 사용량이 많다. 기존 독으로는 빚을 수 없어서 이 통을 이용하여 증류용 술을 몇 차례 빚었다.

소주특방

안동소주

취소주법

소주특방(燒酒特方)

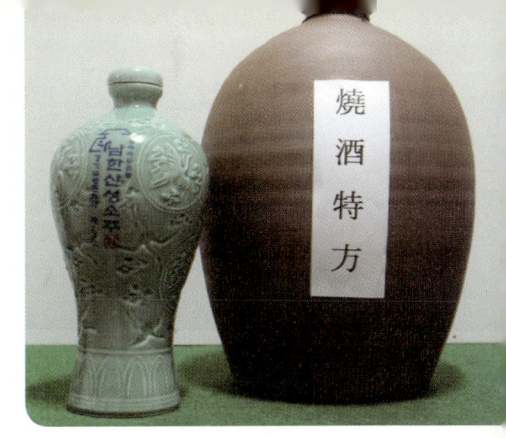

최초의 컬러를 사용한 조리서 〈조선무쌍신식요리 제법〉에 소개된 순곡증류주이다. 소주특방이란 '특별한 방법으로 빚는 소주제법'을 말한다. 밑술과 덧술로 빚는 이양주로 빚은 발효주를 사용한다. 밑술과 덧술에 찹쌀을 사용하는 특급 소주인 셈이다.

쌀 대비 급수율이 일반 발효주보다 낮다. 누룩 사용량이 전분질 대비 41% 수준의 누룩취가 강한 감미가 있는 발효주가 되었다.

- 재료

밑술: 멥쌀 450g, 찹쌀 450g, 누룩가루 4kg, 물 3.6L
덧술: 찹쌀 9kg

- 술 빚기

밑술

1. 멥쌀과 찹쌀을 깨끗이 씻어 3~4시간 물에 담가둔다.
2. 쌀가루를 내어 체에 내린다.
3. 범벅을 만들어 차게 식힌다.
4. 누룩을 넣고 고르게 혼화한다.
5. 술밑을 술독에 넣고 2~3일간 발효시킨다.

덧술

1. 찹쌀을 깨끗이 씻어 6~8시간 물에 불린다.
2. 고두밥을 지어 차게 식힌다.
3. 고두밥에 밑술을 부어 고르게 혼화한다.
4. 술밑을 술독에 담아 7~10일 발효시킨다.
5. 술덧을 걸러 증류한다.

안동소주

안동지역은 징기스칸의 손자 쿠빌라이가 일본 원정을 위하여 병참기지로 사용한 곳이다. 개성에는 본영이, 제주도는 전진기지로 소주가 많이 빚어지던 곳이다.

1920년대 안동 '제비원소주' 상표로 맥을 이어오던 증류소주는 1962년 양곡관리법의 시행으로 쌀을 이용한 모든 술의 제조가 금지되어 생산이 중단되었다.

88올림픽을 계기로 민속주란 이름으로 약주 및 소주 등의 제조가 가능하게 되었다. 밀주 형태로 빚어지던 술이 전통주로 태어났다. 조옥화 안동소주는 경북무형문화재로 지정되었고, 조옥화 안동소주와 박재서 명인 소주가 함께 농림부로부터 명인 지정을 받았다.

• 재료

멥쌀 3.4kg, 누룩 1.9kg, 물 8L

• 술 빚기

1. 쌀을 깨끗이 씻어 6~8시간 물에 불린다.
2. 고두밥을 지어 차게 식힌다.
3. 고두밥에 누룩과 물을 넣고 혼화한다.
4. 술밑을 술독에 넣고 2주 정도 발효관리한다.

5. 청주를 떠서 모아 소주고리에 넣고 증류한다.
6. 소주를 100일 이상 숙성시킨다.

명인 안동소주

취소주법(取燒酒法)

취소주법은 소주를 얻기 위하여 발효주를 만드는 방법이다.

문헌상으로 나타난 최초의 소주용 술빚기 방법이다. 밑술형태로 빚는 1단계에서 누룩을 사용하지 않는다. 죽을 쑤어 밀봉을 한다.

이양주 술 빚기에서 밑술에 많은 물을 사용하면 발효초기에 오염 가능성이 높다.

취소주법에서는 많은 물을 사용하며 죽을 3~4일 봉해두어 젖산을 만들어 발효초기 오염을 방지하고 있다.

- 〈산가요록〉 취소주법

  물 다섯 동이가 드는 큰 가마솥에 물을 펄펄 끓여 쌀가루 한 되 반을 넣어 마치 쌀뜨물 같이 죽을 쑤어 따뜻할 때 항아리에 담아 봉해둔다.

  3~4일 후에는 익은 냄새와 시고 쌉쌀한 맛이 난다. 찹쌀 한 말로 지에밥을 지어 누룩가루 석 되와 섞어 앞의 항아리에 넣는다.

• **재료**

　밑술: 멥쌀 800g, 물 28.5L

　덧술: 찹쌀 5.4kg, 누룩 1.2kg

• **술 빚기**

밑술

1. 멥쌀을 깨끗이 씻어 3~4시간 물에 불린다.
2. 쌀을 곱게 가루 내어 체에 내린다.
3. 물을 끓여 쌀가루를 넣어 쌀뜨물 같은 죽을 쑨다.
4. 죽이 따뜻할 때 항아리에 담아 3~4일 봉해둔다.

> • **완성 밑술**
> 뜨거운 죽을 에어락이 달린 밀폐 용기에 담아 두었더니 3일이 지나자 익은 냄새와 시큼하고, 쌉쌀한 맛이 났다.

덧술

1. 찹쌀을 깨끗이 씻어 6~8시간 물에 불린다.
2. 고두밥을 지어 차게 식힌다.
3. 고두밥과 누룩을 고루 섞어준 후 죽 담긴 발효통에 넣고 섞어준다.
4. 14일간 발효관리한다.
5. 발효가 끝나면 청주상태로 채주하여 증류한다.

증류하기

증류란?

증류는 물과 에틸알코올의 비등점이 다른 점을 이용한 것이다. 상압에서 알코올 분 97% 순수 에탄올은 78.5도에서 끓는다. 물은 100도에서 끓는다. 알코올분이 적을수록 높은 온도에서 끓게 되는 것이다. 끓어서 수증기로 기화된 것을 냉각시켜서 받아내는 것이 증류식 소주다.

전통소주고리와 같이 일반 대기압에서 증류하는 방식을 상압증류, 압력이 낮은 상태에서 증류하는 방식을 감압증류라고 한다.

상압증류는 은은한 향취와 풍미가 좋으나 탄 냄새와 자극취가 날 수 있다.

감압증류의 경우 간접가열방식이므로 탄 냄새와 자극취가 적고 풍미가 안성적이다

증류의 목적

증류의 목적은 알코올 도수가 높은 술을 얻어 저장성을 높이는 것이다. 또한 맑고 투명한 술로 상품성을 높이는데 있다. 증류주를 이용하여 리큐어, 침출주 등 약용목적으로 사용할 수 있다.

일반적으로 증류용 발효주를 따로 빚어 증류를 한다. 발효주를 빚다가 실패한 술(산패 등)도 증류에 이용된다.

증류하기

전통 소줏고리는 허리가 잘록하고 눈사람처럼 만들어졌다. 솥에 증류용 술을 담고 소주고리를 올려 틈새에 밀가루를 반죽하여 시루번을 붙인다. 소줏고리 윗 부분은 냉각수를 담는 곳이다. 냉각수를 담는 부분이 커야 증류를 효율적으로 할 수 있다. 일반적인 가정에서는 솥뚜껑의 손잡이 부분을 밑으로 하여 엎어 놓고 증류를 하였다. 손잡이 밑에는 소주그릇을 놓는다. 뚜껑 위에 냉각수를 부어 자주 갈아 주면서 증류를 한다.

요즈음은 사용상의 편익성으로 스테인리스나 동으로 만든 소주고리를 이용한다. 스테인리스는 내구성이 좋고 취급이 간편하다. 동 증류기는 관리하기가 어려운 점이 있지만 좋은 품질의 증류를 할 수 있어 많이 이용하고 있다.

옹기고리

스테인리스 증류기

동 증류기

- **증류용 발효주 형태**

발효주는 가급적 청주상태로 하여 증류한다.
탁주형태인 경우에는 가열되며 넘치고, 밑부분이 눌어붙어 타게 되므로 좋은 증류주를 얻기 어렵다.

탁주를 증류할 경우에는 물을 50% 희석하여 증류하면 넘치는 현상과 밑부분이 타는 것을 방지할 수 있다.

- **증류소주의 품질**
- **초류**: 메탄올과 아세트 알데히드 성분이 나올 수 있으므로 첫 잔은 버린다. (발효주의 1%~3%)
- **처음 30%**: 알코올 35~60%로 상품의 소주
- **중간 30%**: 알코올 25%~35%로 중품소주
- **후류 30%**: 알코올 10~25% 하품소주로 상품가치가 떨어지며 백탁이 생기기 쉽다.

- **증류량**

발효주의 25~30%를 증류하며 상품소주와 중품소주를 합하여 숙성시킨다.
하품소주는 차기 증류시 재 증류하여 사용한다

옹기고리로 소주 내리기

1. 불을 켜고 솥에 물 1L를 붓는다
2. 물이 끓을 정도 되면 술 1L를 솥 가장자리로 천천히 붓는다.
3. 내용물이 끓을 정도 되면 물 2L를 솥 가장자리로 천천히 붓는다.
4. 내용물이 끓을 정도 되면 술 4L를 천천히 붓는다.
5. 솥 용량의 최대 80% 이내로 채운다.
6. 내용물이 온도가 60도 정도 되면 소주고리를 얹고 시루 번을 붙인다.
7. 소주고리 위에 냉각수를 붓고 얼음을 올린다.
8. 소주가 떨어지기 시작하면 약불로 줄인다.
9. 증류되는 첫 잔은 메탄올이 있을 수 있으므로 버린다
10. 냉각수가 따뜻해지면 수시로 갈아준다.

스테인리스 증류기로 소주 내리기

증류기의 종류에 따라 사용방법이 조금씩 상이하다. 사용 설명서를 잘 읽고 작동시키면 된다.

1. 전원을 연결하고 전원스위치를 올린다.
2. 냉각수 온도가 10도 이하로 내려갈 때까지 기다린다.
3. 온도가 내려가면 깨끗한 물 2리터를 붓고 증류하여 내부를 청소한다.
4. 뒷면 배수밸브를 열어 물을 배수한다.
5. 발효주를 넣고 용량스위치로 용량을 맞춘다(2L, 3L).
6. 시작 버튼을 눌러주면 온도가 상승하며 85도부터 서서히 증류가 시작된다.
7. 온도가 95도까지 상승하면 "삐"소리가 나며 증류 잔여시간이 표시된다.
8. 원하는 알코올농도에 따라 증류시간을 단축하거나 연장한다.
9. 증류가 끝나면 배수하고, 깨끗한 물을 넣고 증류하여 기기를 청소한다.

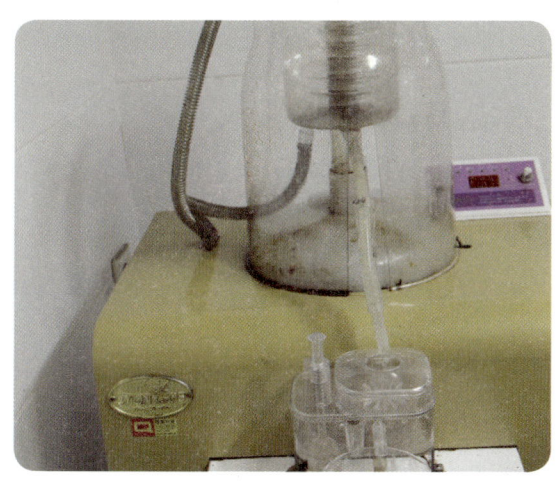

동 증류기로 소주 내리기

증류방법을 옹기와 스테인리스만 소개하고 나니 허전하다. 망설이다가 동 증류기를 마련하였다. 거금 170만원을 투자하였다.

30리터 용량이다. 무게가 무거워 취급하기 어렵지만 기구를 청소하고 증류를 하였다. 기존의 동 증류기보다 개선된 중탕방식의 증류방법이다. 맛이 부드럽고 향이 좋다.

- **기기 조립**
  1. 동체(몸)와 냉각기를 연결관으로 연결한다.
  2. 냉각기와 동체를 고압호수로 연결한다.
  3. 냉각기와 수도관을 연결한다.

- **소주 내리기**
  1. 주입구에 중탕용 물을 채운다.
  2. 발효주를 용량의 70% 수준까지 넣는다. (약 20리터)
  3. 조절나사로 기기를 고정시킨다.(뚜껑, 수도 연결부분 등)
  4. 가스레인지 불을 켜고 수도꼭지를 조금 틀어 놓는다.
  5. 초류가 나오면 받아서 버린다.
  6. 85~90도가 되도록 불을 조절한다.
  7. 냉각수가 뜨거워지지 않도록 물을 조절한다.

8. 후류는 알코올 10% 수준까지 받는다.
9. 알코올 25% 미만의 증류주는 차기 증류 시 재증류한다.
10. 증류가 끝나면 기기를 세척하여 물기를 제거하여 보관한다.

• 소주고리 비교

옹기(토) 고리	• 독성이 없고 청소 등이 간편하다 • 취급이 불편하고 깨지기 쉽다.
스테인리스 고리	• 경제적이고 취급이 간편하다 • 화학성분이 침출될 수 있고 소주독이 나온다.
동 고리	• 열 전도율이 높아 수율이 높다. 술맛이 부드럽다. • 값이 비싸고 녹이 슬기 쉽다.

옹기(토)고리　　　스테인리스 증류기　　　동 증류기

증류시 부재료의 사용

증류시에 맛을 부드럽게 하기 위하여 꿀을 사용한다. 약효나 색을 내기 위하여 지초나 치자 등을 사용한다. 발효주에 사용하는 가향재도 사용하며, 독특한 맛과 향을 내기 위하여 배, 생강, 계피, 죽력(대나무 기름) 등을 사용한다.

꿀

술을 부드럽게 하고, 위나 비장 등을 보호하고 염증을 치료하는 효과가 있다. 꿀을 지나치게 많이 사용하면 단백질이 희게 뭉칠 수 있으므로 주의해야 한다.

지초, 자초(芝草, 紫草)

해열, 소염작용, 구미를 당기게 하고 이뇨작용, 피부의 진정작용 등이 있다. 여러해살이 식물로 뿌리는 자줏빛을 띠며 천연염료나 민간요법에서 약재로 많이 사용한다.

진도 홍주, 감홍로 등의 붉은 색은 지초에서 얻어진다.

꽃(花)

증류시 사용한 꽃 종류에 따라 꽃 이름을 주품명으로 한다. 국화 말린 것을 이용하여 증류주에 꽃의 향기를 불어 넣은 것을 국화로라고 한다. 장미꽃을 이용하면 장미로, 맨드라미를 이용하면 계관화로라고 부른다.

배. 생강

증류주를 내려 배. 생강 등을 넣어 3개월 이상 침출시킨다. 배는 청량감과 술 마신 후 갈증을 없애준다. 생강은 건위효과가 있다.

전주 이강주의 경우 배, 생강, 울금, 계피를 넣어 침출시킨 후 꿀을 넣어 숙성시킨다.

증류주의 숙성

증류 직후의 소주는 알코올과 물의 혼재로 소주독과 알코올취가 심하다. 최소 6개월 이상 숙성시켜야 맛이 부드럽고, 향도 좋아지며 숙취성분도 사라진다.

숙성용기로는 옹기종류가 좋다. 옹기는 환기성이 있고 옹기의 금속성분이 용출되어 소주의 화학적 숙성을 촉진한다.

증류량이 소량이다 보니 옹기나 항아리에 넣지 못했다. 유리병이나 페트병에 두 세 병 넣어 6개월에서 1년 이상까지 실온에서 숙성시켰다. 엄밀히 말하면 숙성도 아닌 보관인 셈이다.

오크통에 넣을 분량의 소주도 없지만 오크향이 나는 소주는 어떤 맛일까 하여 오크칩을 넣어 숙성시켜 보았다. 소주가 엷은 갈색으로 색깔은 좋아지지만 소주 고유의 향이 오크향에 묻혀 아쉬움이 남는다.

2014년도에는 증류용 발효주를 따로 빚어 증류를 하였다. 옹기로 만들어진 5리터용과 10리터용 숙성용기 '숙아리'를 몇 개 준비하였다. 용기속에 자리잡은 증류주는 새로운 탄생을 꿈꾸고 있다.

숙성시 주의할 점은 용기를 가득 채워 산화를 방지하고 빛을 차단하여야 한다. 용기 표면에 발효주의 이름과 증류일자, 알코올도수를 기록하였다. 숙성용기 속에 웅크리고 있는 증류주를 보고 있으면 마음은 부자가 된다. 기대도 크다.

백화로(百花露)

처음 128종류의 꽃으로 빚은 백화주에 꽃을 너무 많이 넣었다. 고문헌 방문대로 말린 꽃을 종류별로 2g씩을 넣었더니 술이 탕약처럼 되어 크게 실의에 빠진 적이 있다. 청주 1.5L만 남기고 증류를 하였다. 증류하며 맛을 보니 소주에서도 쓴맛이 났다. 진한 향이 소주로 넘어 온 듯한데, 소주에서 무슨 쓴맛이 나냐고 핀잔을 들었다. 2년 숙성된 백화로에서 살짝 쓴맛이 남아있지만 꽃향이 난다.

40도가 넘는 술인데 너무 부드럽다. 1년 넘게 보관했던 탕약 같던 백화주 청주도 숙성이 되어 깊은 향이 그윽한 새로운 술로 재탄생하였다.

수집한 꽃이 아직 많이 남아있어 증류목적으로 백화주를 빚었다. 발효주의 술맛도 기대 이상이었지만 증류를 하였다.

발효가 잘되어 증류량도 제법된다. 새로 준비한 옹기로 된 숙성용기에 넣었다. 5년 정도 숙성시켜 볼 예정이다. 평생 한번 먹기 힘들다는 백화주. 증류하여 5년 숙성시키면 백화로의 가치는 어떻게 될까?

동정춘 증류주

　시판되는 전통주 중에서 가장 비싼 술이 동정춘이다. 동정춘의 매력에 빠져 5번째 술을 빚으며 또 다른 호기심이 발동했다. 쌀 8kg로 빚은 술 중 탁주 1병만 남기고 증류를 하였다. 달랑 소주 2병(1.0L)이다.

　탁주 형태로 증류하다 보니 끓어 넘쳐 증류주가 약간 탁하다. 다시 한번 증류하면 되지만 양이 줄어드니 그럴 수도 없다. 지초를 통과시켜 색으로 묻을 수 밖에.

　양팔에 쥐가 나도록 빚어, 마시기도 아까운 술을 증류를 하였으니 정신 나간 사람은 아닐까?

　1년 6개월 숙성시킨 술을 시음한 친구가 달고 향이 좋다며 무엇을 첨가했냐고 묻는다. 양조업을 하는 친구는 필자가 무엇이라도 숨기고 있는 양 무엇을 넣었냐고 자꾸 채근한다. 무어라고 말해야 친구가 이해를 할지 생각이 나지 않는다.

　'친구 잘 둔 줄 알아! 동정춘 증류주도 마셔 보고'.

축배로(祝杯露)

과일을 이용한 발효주를 증류하면 어떤 맛과 향을 느끼게 될까?

배 발효액을 이용하여 빚은 술을 증류하였다. 증류 순간부터 소주가 부드럽고 목 넘김이 좋다.

2년 숙성된 소주에서 과일 향이 나고 목에 감긴다. 발효관련 일을 하는 박사가 시음 후에 던진 말이다. '무슨 향을 넣었어요?' 상대방을 칭찬할 줄 모르는 야박한 인심에 완전히 짜증이 났다. 분명 좋은 향을 느껴 묻는 말이긴 한데…….

향을 넣는 고차원적 방법은 모른다고 했다. 인공적인 향을 넣었다고 오해를 받아도 좋다. 그런 매혹적인 술을 계속하여 빚을 수 있다면.

사진: 홍준기

6장

주박(술지게미) 활용하기

1. 주박 장아찌 만들기
2. 주박 팩 만들기

6장 주박(술지게미) 활용하기

1. 주박 장아찌 만들기

주박 장아찌의 대표격인 울외 장아찌(일명 나라즈케라고 함)를 해 보려고 농산물 시장을 돌아다녔으나 울외라는 것을 알지 못하는 상인이 대부분이고 구할 수도 없다. 대신 노각을 샀다. 울외를 찾는다는 것을 알고 지인이 익지 않은 참외를 가지고 왔다. 노각, 풋참외, 여주, 무로 주박 장아찌를 만들었다.

노각 장아찌

노각은 늙은 오이다. 수분함량이 많고 칼슘이나 섬유질이 많아 갈증해소와 피로회복에 좋다. 노각무침이나 장아찌 등으로 먹는다. 무침은 날 것으로 사용하며, 장아찌는 소금에 절여 된장, 고추장, 주박 등에 켜켜이 박았다가 식용한다. 노각과 풋참외를 주박에 박아 장아찌를 만들었다. 달콤, 짭조름하고 알싸한 맛이 제법이다.

노각 장아찌 만들기

1. 노각을 세로로 길게 2등분한다.
2. 노각 속을 빼내고 깨끗이 씻는다.
3. 햇볕이나 건조기에 고들고들한 정도까지 건조시킨다.
4. 설탕, 소금으로 간을 하여 2~4일 절임 한다.
5. 주박에 설탕, 소금을 넣어 간을 한다.
6. 절임한 노각과 주박을 켜켜이 넣는다.
7. 3~4주 주박에 묻어둔다. (주박을 1~2회 갈아주면 좋다)
8. 지게미 맛이 충분히 배면 지게미를 깨끗이 씻어낸다
9. 노각을 꺼내어 그냥 먹거나 별도 양념을 하여 먹는다.
 ⇒ 참외도 노각과 같은 방법으로 하면 된다.

노각 장아찌

참외 장아찌

• 노각 손질하기

노각 ·······▶ 손질하기 ·······▶ 소금에 절이기

여주 장아찌

여주는 맛이 쓰므로 고과(苦瓜)라고도 한다. 성질은 차며 독이 없다. 여주에는 천연인슐린 성분인 P-인슐린 성분이 많이 함유되어 있어 췌장에서 혈당강화 작용을 하여 당뇨에 효과가 좋다. 고지혈증이나 고혈압, 비만 당뇨 등에도 효과가 있다 하여 2013년에 선풍적인 인기몰이를 한 식품이다. 먹는 방법은 말려서 차로 끓여 먹거나 환으로 만들어 먹는다.

형수가 당뇨가 있어서 달리 먹을 수 있는 방법이 없을까 생각하다 설탕을 사용한 발효액을 만들어 보았다. 설탕을 사용하여 당뇨에는 좋지 않을 듯하여 주박을 이용한 여주장아찌를 만들었다. 오이꼭지에서 느껴지는 쓴맛이 돌았으나, 주박에서 느껴지는 알싸한 맛에 식용하기에 거부감이 없는 쓴맛이다.

여주 장아찌 만들기

1. 여주를 세로로 2등분하여 씨와 속을 제거한다.
2. 건조기를 이용하여 고들고들하게 건조시킨다.
3. 설탕, 소금으로 간을 하여 2~3일 절임한다.
4. 주박에 소금과 설탕으로 간을 한다.
5. 주박과 여주를 켜켜이 넣고 3~4주 묻어둔다. (주박을 1~2회 갈아주면 좋다)
6. 지게미 맛이 충분히 배면 지게미를 깨끗이 씻어낸다
7. 양념을 하거나 양념하지 않고 잘라서 먹는다.

• 여주 장아찌 공정

여주 자르기 → 속 파내기

완성 장아찌 → 식용하기 전

무 장아찌

무는 소화를 돕고 거담작용, 해독작용이 있으며 숙취해소에 좋다.

동치미, 깍두기, 무 장아찌, 단무지 등 여러 가지 음식의 재료로 친숙하다. 어린시절 단골 도시락 반찬이던 무 장아찌. 주박을 이용하니 또 다른 맛이다.

무 장아찌 만들기

1. 무를 깨끗이 씻는다.
2. 소금물에 10일 정도 담가 둔다. ⇒ 한 토막을 먹어보니 동치미 맛이 나서 한 개는 그냥 먹었다.
3. 소금간이 배일 무렵(3~4일후) 청주 1L를 부어준다.
4. 소금물에서 무를 꺼내어 주박에 묻어둔다. ⇒ 무의 간과 맛을 보아 설탕, 소금 등을 첨가한다.
5. 2주 후에 꺼내어 깨끗이 씻어 먹는다.

• 무 장아찌 공정

무 씻기 ········▶ 소금에 절이기 ········▶ 완성 장아찌

2. 주박 팩 만들기

　술을 거르고 남는 술지게미를 그냥 음식물 쓰레기 처분하거나 텃밭의 거름으로 사용하기에는 무언가 허전하다. 술을 거르고 나면 손이 부드러워짐을 느낀다. 그래서 평소에 가끔씩 술을 거르고 남은 지게미를 얼굴에 발라 보았다. 지게미에 알코올이 많이 남아있지만 피부에 트러블은 없었다. 그래서 그런지 몰라도 보는 사람마다 피부가 좋다고 한다.
　주위에 있는 사람들에게도 술지게미를 나누어 주곤 하였다. 어떤 사람은 얼굴이 벌겋게 되었다고 했다. 아마도 피부가 민감하고 알코올에 약한 듯하다. 손이 많이 가지만 주박을 그늘에 말려서 알코올을 증발시켰다. 가루를 내어 보습재료를 섞어 사용하는 방법을 찾았다.
　제대로 된 제품을 만든다고 인터넷을 뒤적여 6각병을 찾아 주문했다. 생각이 조금 짧았다. 모양을 낸다고 둥근 병이 아닌 각진 병을 찾은 것인데 각이 져서 주문하여 만든 라벨이 붙지 않는다. 병뚜껑에 간단한 사용설명을 곁들인 조그만 라벨이 군색스럽다.

술지게미의 효과
　옛날부터 양조장에 일하는 사람들이 피부가 좋다고 했다.
　기미와 주근깨는 멜라닌 색소가 피부에 침작되어 생긴다. 술지게미에는 알부린이나 리놀레산 등의 미백성분이 풍부하게 함유되어 있다. 이러한 성분들이 멜라닌의 생성을 억제하므로 기미나 주근깨를 예방하고 피부를 투명하게 해준다. 또한 보습효과도 뛰어나 거친 피부를 촉촉하게 진정시켜준다.

•주박 팩 만들기

1. 술지게미를 그늘에서 말린다

> **•술지게미 말리기**
> 술지게미는 알코올 성분과 당분 등이 많이 남아 있어 말리는 것이 쉽지 않다. 바닥에 신문지를 두껍게 깔고 위에 한지를 깐다. 한지 위에 주박을 펼쳐 놓는다. 밑에 깐 신문지를 몇 번 갈아준다. 어느 정도 마르면 뭉쳐 있는 주박을 잘게 손으로 잘라 바싹 말린다.

2. 술지게미를 강력분쇄기로 분쇄한다.

> **•술지게미 가루내기**
> 마른 술지게미는 돌덩이처럼 단단하다. 강력분쇄기로도 몇 번씩 모터를 식혀가며 분쇄를 하여야 한다. 많은 양을 모아서 시장의 방앗간에서 분쇄하는 것이 효과적이다.

3. 고운 체로 쳐서 가루로 만든다.
4. 술지게미에 꿀, 계란, 우유 등을 넣어 고루 섞는다.

• **주박 팩 사용**

5. 세안 후 얼굴과 목 부위에 충분히 바르고 마사지한다.
6. 10~15분 후 미지근한 물로 닦아낸다.

7장
음주 바로 하기

1. 술의 긍정적인 면
2. 술의 부정적인 면
3. 음주 바로 하기

7장 음주 바로 하기

술은 인간이 만든 음식 중 가장 고양(高揚)된 식품이다. 각종 축제나 종교의식, 제례에 사용되었으며, 기호식품으로 인류역사와 함께했다.

알코올은 우리의 의식과 감정, 기분을 변화시킨다. 술이 약이 될 수도 독이 될 수도 있는 양면성을 가지고 있는 이유다.

술을 의인화 한 이규보의 〈국선생전:麴先生傳〉에서는 술의 긍정적인 면을, 임춘의 〈국순전:麴醇傳〉은 술로 타락한 인간의 모습을 풍자하고 있다.

음주에 대해 찬. 반 양론 또한 끊임없이 제기되고 있다. 술을 마시며 많은 것을 얻기도 하고 또 많은 것을 잃기도 한다.

기호식품인 술을 평생 동안 즐길 수 있는 음주방법은 없는 것일까?

1. 술의 긍정적인 면

한서 〈식화지食貨志〉에 술은 '백약지장(百藥之長)'이라 하여 백 가지 약 중에 으뜸이라고 하고 있다.

철학자 칸트는 〈인간학〉에서 '술은 입을 경쾌하게 하고 마음을 털어 놓게 한다. 술은 하나의 도덕적 성질 즉 마음의 솔직함을 운반하는 물질'이라고 했다.

우리 음주문화 중 식사 때 곁들이는 두세 잔의 반주(飯酒)는 입맛을 돋우어 주며 소화흡수와 대사기능을 촉진한다.

설날 마시는 도소주나 어른께 올리는 헌주에는 무병장수와 건강을 기원하는 염원이 담겨있다.

술이 '백약의 으뜸'으로 효력을 발휘하려면 반주나 도소주처럼 소량의 음주에 국한된다. 그러므로 알코올의 남용과 그로 인한 건강과 사회적 문제의 확산을 방지하는 것이 더욱 중요하다고 할 수 있다. 인간의 기본 정서인 희로애락을 위해서는 적당한 선에서 기분 좋게 술을 마시는 것이 중요하다.

2. 술의 부정적인 면

술을 많이 마시게 되면 생각과 행동을 조절하는 대뇌의 작용이 둔해져 판단능력과 대처능력이 떨어진다. 도로교통안전협회 통계분석에 의하면 2015년 음주로 인한 교통사고 건수는 24,399건으로 하루 평균 67건이나 된다.

지나친 음주를 하면 통제력을 잃기 쉽고 공격적이고 즉흥적인 판단을 하기 쉬우므로 폭력 및 범죄에도 노출되기 쉽다.

알코올 남용자들은 대부분 자기중심적이기 때문에 가족 구성원들이 상당한 심리적 갈등을 겪기도 한다.

지방간이나 간경화, 간암, 위염, 위궤양과 알코올성 치매를 유발하고 알코올 중독에 빠지게도 한다.

중국에서 주신으로 숭배되는 의적(儀狄)이 처음 곡류로 술을 빚어 왕에게 헌상했다고 전해진다. 술을 마신 하(夏)나라의 우(禹)왕은 맛과 향에 반하여 대취하여 잠을 잤다. 깨어난 후 '조심하지 않으면 나라를 망치는 자가 반드시 나올 것'이라며 의적을 멀리 하고 술을 마시지 않았다고 〈전국책: 戰國策: 중국 주나라 안왕에서 진시황까지 240여 년 간의 역사를 기록한 책 〉에 기록하고 있다.

우왕이 우려했던 것처럼 하나라의 마지막 걸왕은 술과 방탕한 생활로 은나라의 탕왕에게 멸망하게 된다.

> **• 주지육림(酒池肉林)의 유래**
>
> 고기는 산처럼 쌓이고 포는 숲처럼 걸려 있었으며 술로 만든 못에는 배를 띄울 수가 있었고, 술지게미가 쌓여서 된 둑은 십 리까지 뻗어 있었다.
>
> …(십팔사략: 중국 남송 말에서 원나라 초에 증선지가 편찬한 중국의 역사서)
>
> 하나라 마지막 왕인 걸(桀)왕이 술로 연못을 만들고 고기안주로 숲을 만들어 '말희'라는 미인과 함께 방탕하게 놀았다는 데서 '주지육림'이란 말이 유래되었다.

포도나무의 거름으로 사용하였다고 한다. 네 마리 짐승의 피를 먹고 자란 포도나무에서 포도주가 나왔다. 그래서 사람이 처음 술을 마시면 양처럼 순해지고, 좀 더 마시면 사자처럼 포악해지고, 더 마시면 원숭이처럼 춤추고 노래 부르고, 더 많이 마시면 토하고 돼지처럼 추하게 된다고 경고하고 있다.

3. 음주 바로 하기

술자리에 기본예절은 있다.

우리나라의 전통적인 음주예절은 대한제국 때까지 향교나 서원에서 공부하는 교과목이었다. 술이 환락의 도구나 객기 등으로 인해 가산탕진, 부모봉양에 소홀 등을 예방하기 위하여 향음주례를 제정하였다.

향음주례란 향촌의 선비와 유생들이 향교나 서원에 모여 학덕과 연륜이 높은 이를 주빈으로 모시고 술을 마시며 잔치를 하는 향촌의례의 하나로, 어진 이를 존중하고 노인을 봉양하는데 의의가 있다.

주례란 술자리에서의 예법을 말한다. 중국에서는 주법(酒法), 일본에서는 주도(酒道)라고 한다. 현대사회의 술자리에서 전통 음주법인 '향음주례'를 따르는 것은 어렵다. 그래도 술 마실 때 최소한의 예의는 필요하다.

1. 첫 잔은 사양하지 않는다. 술을 하지 못하는 사람은 받아서 입에 대었다 내려 놓는다.

2. 건배 후 잔은 바로 내려놓지 않는다.
3. 윗사람에게 술을 따를 때는 두손으로 공손히 따른다.
4. 술잔의 7~8할 술을 따르며 첨잔은 하지 않는다.
5. 윗사람의 잔을 받을 때는 오른손으로 잔을 잡고 왼손을 받쳐 받는다.
6. 상대에게 억지로 술을 권하지 않는다.

우리 술도 격을 높여 보자

와인을 마실 때 색을 보고, 흔들어 향을 내어 맡아 보고, 맛을 본다. 눈으로, 코로, 입으로 느껴가며 천천히 마신다.

우리 전통주도 마시는 격을 찾자. 먼저 술의 빛깔과 투명도를 눈으로 확인하고, 향을 느껴보자. 두 번째로 술을 입안에 넣고 굴리면서 맛의 조화나 질감 등을 느껴본다. 마지막으로 마시고 남은 여운을 느껴보자.

기뻐도 한 잔, 슬퍼도 한 잔 하는 술이다. 의미도 없는 술자리보다 술을 마시고 싶다면 최소한 술 마실 거리라도 찾아보는 것은 어떠할까?

세시풍습에 때 맞추어 청명, 단오, 유두, 백중, 중양절에 마시면 격이 있는 술자리가 되지 않을까? 옛 선비들처럼 풍월은 하지 못해도 술이 절제될 것 같은 생각이다.

전통 약주는 차게 마신다.

빙허각 이씨가 저술한 〈규합총서〉 술과 음식 편에 '밥 먹기는 봄같이 하고, 국 먹기는 여름같이 하고, 장 먹기는 가을같이 하고, 술 먹기는 겨울같

이 하라'고 적고 있다

세시풍속에서 정월 초하룻날 마시는 도소주나 세주. 대보름날 마시는 이명주도 찬 술이다.

약용 목적으로 먹거나 모주의 경우에는 따뜻하게 마시는 것이 좋다.

증류주의 경우에는 맛과 향을 살리기 위하여 실온에서 마시는 것이 좋다. 막걸리나 청주(약주)는 8~10도로 차게 마시는 것이 좋다.

전통누룩으로 빚은 청주의 경우 다양한 누룩미생물의 영향으로 복잡하고 다양한 맛이 난다. 그래서 차게 마실 때 맛이 난다. 이에 비하여 황국균으로 빚은 일본식 청주의 경우 데워 먹을 때 맛이 좋다. 일본식 청주에 익숙한 사람들이 청주를 데워서 먹는 이유다.

술은 아껴서 마시자

논어(論語) 향당편에 보면 '술을 마실 경우 양을 미리 정해 놓고 마시지는 않으나 소란을 피울 정도로 많이 마시지는 않는다' 라고 적고 있다

유럽에서 19세기 말까지 성경 다음으로 많이 팔린 책인 '살레르노(Salerno)의 양생훈(養生訓)'에도 '폭음하지 마십시오'라는 구절이 있다.

다산 정약용 선생은 다산시문집에서 '술의 정취는 미훈(微醺: 살짝 취함)에 있다'고 하였다. 동서고금을 막론하고 술을 마실 때 취하지 말고 마시라고 한다.

적당히 마신 술은 삶의 활력소가 되지만 많이 마시게 되면 건강상의 문제를 일으키게 되고 알코올 중독이 될 수도 있음을 경고하고 있다.

법화경에도 술을 마실 때 절제의 중요성을 일깨우고 있다.

**처음에 사람이 술을 마시고 / 다음에는 술이 술을 마시고
마침내는 술이 사람을 마신다.**

조선후기 이덕무는 그의 저서 〈사소절(士小節)〉에서 '훌륭한 사람은 술이 취하면 착한 마음을 드러내고, 조급한 사람은 술이 취하면 사나운 기운을 나타낸다'고 하였다. 술이 취하면 사람 본연의 모습을 볼 수 있음을 의미하는 것이 아닐까?

'내가 술을 마시자, 절제할 줄 알고 즐겁게 마시자'. 평생 동안 즐겨야 할 술이다. 건강도 생각하고 여유롭게 즐기려면 아껴서 마셔야 한다는 것이 음주에 대한 필자의 지론이다.

술로 인하여 직접적인 병이 생겨 좋아하는 술도 마시지 못하는 사람들을 보면 안쓰럽다.

술잔 돌리기는 이제 그만

우리 조상들의 음주예절 중 향음주례와 회음(回飮: 술잔 돌리기)이 있다. 잔을 돌려가며 술을 마시는 수작(酬酌)문화는 우리나라에만 있는 음주문화이다.

수(酬)는 주인이 손님에게 술을 따라 주는 것이고, 작(酌)은 술잔을 받은 손님이 답례로 주인에게 따르는 술이다. 수작이란 주인과 손님이 술을

권하며 정다운 대화를 하며 마시는 아름다운 음주문화였다. 요즈음 수작은 서로 술을 많이 마시고, 마시게 하기 위한 음주방법으로 변하였다.

첨잔은, 우리나라에서는 하지 않지만 일본이나 중국에서는 조금씩 비워진 잔에 술을 계속 부어주는 문화다. 향음주례에서 주인은 술잔 하나로 술을 돌려가며 손님에게 권하고 잔이 바뀔 때마다 잔을 물에 씻었다.

조선시대 승문원에서 임금에게 문서를 올리는 날에는 임금이 술과 음식을 하사하는데 술을 '고령종'이라는 큰 술잔에 담아 돌려 마셨다고 한다. 이러한 관습이 이어져 회식장소에서 의례적으로 부하 직원은 상사에게 자신의 잔으로 술을 권하고 상사는 받아 마시고 내려주었다.

군 복무시절 군화에다 막걸리를 따라 돌려 마시기도 했다. 사회에서 선후배끼리 구두에다 술을 따라 마시기도 했다. 풍류도 아니고 멋도 아니고 상하복종식의 군대문화가 빚어낸 산물이었다.

위생적인 문제 등으로 지금은 많이 사라져 가고 있지만 술잔 돌리기는 아직도 일부 남아 있다. 많은 술을 마시기 위하여 잔을 주고 받는 것이나 술잔 돌리기는 이제는 버려야 할 구태의 음주문화가 아닐까?

> **• 일 순배(巡拜)**
>
> 일 순배(巡拜)는 술 좌석에서 잔이 한 바퀴 도는 것을 말한다. 한자리에 모인 사람들이 마음을 나누는 공동체 의식을 결속하는 행위이다.
> 4~5명이 모인 자리에서는 일 순배를 할 수도 있다. 20명이 넘는 시주풍류 모임에서 자기 잔에 술을 따라 돌리며 시작하여 자기 잔이 돌아올 때까지 마시는 일 순배. 풍류라지만 가양주 20잔을 일 순배 한다며 다 마시지는 못하였다.

자작(自酌)은 어떨까?

술자리에서 술을 마시고 자신의 잔이 비어 있을 때 심정이 어떠한가? 상대가 알아서 술을 따라주면 좋겠지만 잔이 빈 상태로 오래가면 괜히 머쓱해진다. 우리의 음주문화는 주고 받는 수작문화였다. 술잔을 돌려서 빠르게, 또 많이 마시는 습관이 생겼다. 술 마실 때 상대방의 잔이 비워지면 술을 따라주는 최소한의 예의는 지키자.

아들 두 명이 결혼하여 며느리까지 함께 술자리를 하곤 한다. 아버지 잔이 비었는데도 술을 따를 줄 모른다. 격이 있는 자리에서 자작은 어색하다. 편한 자리니 자작을 한다. 그러면 미안한지 아들 녀석은 잔에 자기의 손을 대준다. 이건 또 어디서 온 주례인가?

필자는 술자리에서 상대방의 빈 잔에 술을 잘 따르는 편이다. 며느리나 아들에게도 술잔이 비면 수시로 먼저 따라준다.

개인주의가 강한 유럽에서는 자신의 주량에 맞게 속도를 조절하며 마시는 자작문화라고 한다. 우리에게 아직 어색한 자작문화이지만 조금씩 실천해 보자. 많이 마실 목적의 자작이 아니라 주량에 맞는 적정음주를 위해서.

음주에 자제력은 꼭 필요하다.

자제력이란 자신의 감정이나 욕망을 억제하는 것이다. 인간의 삶에 기본덕목이라고 생각한다. 기호식품인 술도 평생 마시려면 '절주'와 '적정음주'를 실천하는 것이 좋다. 실제 적정음주는 지키기 어렵다. 음주가 진행되며 알코올이 대뇌의 이성을 마비시켜 절제능력이 감소되기 때문이다.

술을 만취하려고 마시는 것인가? 취하지 않는 선에서 마셔야 술을 즐길 수 있다. 알코올의존증 수준으로 매일 술을 마시는 사람은 원활한 인간관계, 건강한 생활을 유지하기 위하여 일주일에 하루 만이라도 술 마시지 않는 요일을 정해보는 것은 어떨까? 최소한 금요일을 금주의 날로 정하고 실천하는 것이 어려운 일일까?

술 마실 때마다 2차 3차를 가야 하고, 만취상태가 되어야 술 마시는 재미가 더 있고, 인생이 더욱 즐거워지는 것일까?

우리나라 음주량은 세계적으로도 많은 편에 속한다. 식사 때 하는 반주는 건강하다고 하는 이론도 있다. 오래 살기 위하여 마시는 술은 아니지만 거의 매일 하는 음주습관, 지나친 폭음 등은 자제할 수 있어야 술을 마실 수 있는 권리도 있다고 생각한다. 적당히 마시는 술. 오늘 하루라도 자제력을 발휘하여 보자.

5% 부족한 술자리. 여운이 남아 더 좋을 듯하다

표준 잔을 아시나요?

사람이 평균 1시간에 분해할 수 있는 알코올의 양은 10g 정도라고 한다. 여기서 표준 잔의 개념이 생겼다. 표준 잔은 나라마다 다르며, 보통 순수 알코올 8~14g 수준이다.

우리나라의 경우 명확한 기준은 없으나 2013년 한국건강증진재단의 '저위험 음주가이드라인'에 따르면 1표준잔은 순수 알코올 10g으로 정하고 있다. 음주의 폐해를 최소한으로 줄이는 1회 알코올량은 남자 40g, 여자 20g으로 제시하고 있다. 일주일 제한 음주량은 제시하지 않고 있다.

WTO를 비롯한 많은 나라에서는 1일 4표준잔, 주 28표준잔 이하(여자의 경우 1일 2표준잔, 주 14표준잔 이하)를 '적정음주기준'으로 정하고 있다.

미국의 알코올 남용과 알코올 중독 국가자문위원회에서 '폭음'이란 '2시간 동안에 남자 5표준잔, 여자 4표준잔 이상 마시는 것'으로 정의하고 있다. 이 기준을 적용하면 우리나라 애주가들은 매일 폭음을 하고 있는 셈이다.

자신의 평상시 음주량을 표준 잔으로 계산해 보자. 얼마나 많은 술을 마시고 있는지? 알코올량을 계산해 보고 알게 되면 조금이라도 절제력이 생기지 않을까?

- **알코올량 계산법** (부피 단위를 질량 기준으로 계산)

알코올량(g) = 술의 양(ml) × 알코올 도수(%) × 0.8

- **주류별 표준잔**

구분	소주	막걸리	약. 청주	맥주	와인
용량(ml)	360	750	500	750	750
도수(%)	20	6	12	5	12
알코올(g)	57.6	36	48	30	72
표준 잔(잔)	5.7	3.6	4.8	3.0	7.2

*표준 잔: 알코올 10g 기준

숙취해소는 어떻게?

숙취란 술 마시고 깬 후에 나타나는 불쾌감이나 두통, 또는 심신의 작업능력 감퇴 등을 말한다. 적정음주를 실천하면 숙취를 크게 걱정하지 않아도 된다.

숙취해소를 생각하기 전에 숙취가 덜 오게 하는 방법이 있다. 술을 마실 때 가능하면 알코올 도수가 낮은 술부터 시작해서 독한 술을 마시는 방법이다.

술 마신 다음날 술은 술로 푼다며 해장술을 한다. 이 정도면 알코올중독자 수준이다.

북엇국에는 아미노산이 풍부하다. 재첩국은 아미노산은 물론 간기능 개선에 좋은 비타민 B가 풍부하다. 선짓국에는 철분과 단백질이 풍부하다. 숙취 물질인 아세트알데히드를 분해해 주는 아스파라긴산이 풍부한 콩나물국이나 비타민과 미네랄로 불균형 영양상태를 보완해 주는 굴국 등은 해장국으로 제격인 식품이다.

8장
고문헌 이해하기

8장 고문헌 이해하기

고구려 건국신화 주몽탄생 설화에 술이 등장한다. 술 빚기나 식생활에 관하여 기록으로 남은 최초의 문헌은 1450년경 편찬된 〈산가요록〉이다. 나라에서 관리하고 직접 간행한 의서나 농업서적 등에 비하여 기록물이 늦어졌고 많지 않다. 식생활에 관한 일은 각 가정에서 이루어지는 일이다. 기록보다는 며느리나 딸에게 직접 전수시키며 이어져 온 것이 대부분이다.

〈음식디미방〉의 경우도 며느리에게 기록으로 전수시킨 조리서다. 딸들에게는 베껴가라고 기술하고 있다.

우리나라의 전통 술 빚기를 연구하려면 고문헌을 통해야 한다. 고문헌의 중요성을 실감하고, 더 좋은 우리 술을 만들어내는 것은 술을 사랑하는 사람들이 해야 할 과제이다.

산가요록(山家要錄)

1450년경 어의(세종~세조) 전순의(생몰연대 미상)가 편찬한 우리나라 최초의 조리서다.

산가요록이란 '산가(山家)에서 생활하는데 여러 가지 필요한 부문 등을 기록한 책'이란 뜻이다. 산가란 산속에 있는 집을 말하는 것이 아니라 일반인들이 사는 평범한 서민들의 집을 말한다.

51종(별법 포함 시 63종)의 술빚기와 누룩법 2가지(별법 포함 시 4종)가 수록되어 있다.

양조부문의 첫 머리에 동해(東海), 병, 복자 등 계량단위를 표시하고 있어 막연히 알려졌던 동이, 대야, 병 등의 계량단위를 제시하고 있다.

수운잡방(需雲雜方)

1540년경 김수(金綏, 1481~1552년)가 지은 전통조리서다. '수운은 격조를 지닌 음식문화'를 말하며, '잡방이란 여러 가지 방법'을 말한다.

수운잡방에는 42종의 술 빚는 법을 기록하고 있다. 하일약주, 소곡주, 이화주, 벽향주, 삼오주 등은 별법을 소개하고 있으며, 하일청주는 3가지 방법을 소개하고 있다. 별법까지 포함하면 49종류가 된다.

누룩은 녹두죽을 쑤어 빚는 조국법과 이화국을 소개하고 있다.

고사찰요(攷事撮要)

1554년(명종 9년) 어숙권 등이 왕명을 받아 조선의 외교정책 및 일상

생활에 필요한 여러가지 상식 등을 뽑아 엮은 책이다. 고사촬요란 '세상이 필요로 하는 수요를 충족시키는 책'이란 뜻이다. 조선시대 관료라면 누구나 읽어야 하는 책이었다.

이후 1771년 서명응이 고사신서(攷事新書)로 대폭 개정, 증보되기까지 12차례 간행되었다. 1675년 판본의 필사본에는 10가지의 술과 부록에 6가지의 술이 기록되어 있다.

음식디미방(飮食知未方)

1670년경 석계 이시명의 부인 안동장씨(장계향, 1598~1680년)가 집안의 딸과 며느리를 위하여 쓴 순 한글 필사본 음식조리서다. 표지는 〈규곤시의방(閨壼是議方)〉으로 쓰여 있으나 본문 첫 줄에 한글로 음식디미방이라고 쓰여 있어 이 이름으로 더 잘 알려져 있다.

책의 뒤표지 안에 '이 책은 이리 눈이 어두운 데에 간신히 썼으니 이 뜻을 잘 알아 이대로 시행하고, 딸자식들은 각각 베껴가되, 이 책을 가져갈 생각은 하지 말고 부디 상하지 않게 간수하여 쉽게 더럽히지 말라'는 저술동기와 당부를 적고 있다.

술 제조법 49종과 누룩방문 2종이 기록되어 있다.

주방문(酒方文)

연대와 작자 미상의 조리서(1600년대 말엽 추정)로 이름이 주방문이지만 술뿐만 아니라 일반 음식의 조리 및 가공방법도 포함되어 있다.

양조법으로 24가지의 술이 소개되어 있으며, 서김법과 단술, 누룩제조, 술맛 그릇되지 않는 법, 쉰 술 고치는 법 등 술맛 관리법이 기록되어 있다.

○ 요록(要錄)

조선 숙종 초기 1680년경 한문으로 쓴 조리서다. 27종류의 술이 기록되어 있다. 술이 병을 치료하는 목적으로 쓰였던 이유로 각각의 술이 어떤 병에 효험이 있는지 약용가치를 상세히 설명하고 있다.

○ 산림경제(山林經濟)

1715년경 조선 숙종 때 실학자 홍만선이 편찬한 종합적인 농가경제서이다.

산림(山林)은 불교 용어로 사찰을 관리하는 일을 말하는데, 이 말이 여염집의 재산을 관리하고 생활을 다 잡는 일까지를 가리키게 되었다. 산림경제란 '살림살이'를 뜻하며 농사일에 관한 일뿐만 아니라 건강, 의료, 취미 등까지 기록하고 있으며 여러 가지 술들의 유래와 제조방법을 소개하고 있다.

61가지의 술 빚는 법과 누룩 만드는 법이 소개되어 있다.

○ 증보 산림경제(增補山林經濟)

영조 42년(1766년) 유중림이 산림경제를 증보한 종합 농업기술서로

16권으로 이루어져 있다. 9권 치선 부분에 51종의 술 빚는 법을 소개하고 있다.

○ 주찬(酒饌)

1800년대초에 쓰여진 작가미상의 한문 필사본 조리서이다. 79종류의 술을 소개하고 있다. 그 중 소자주(들깨), 창포주, 도인주, 구기주 2종류, 도소주, 선령비주, 녹용주 등은 청주에 약재를 넣는 침출주 성격이며, 소주 3종류가 포함되어 있다. 내국향온에 누룩법이 실려있고 별도로 '작주부본법'이라 하여 석임 빚는 법이 소개되어 있다.

술이름 중 일반 조리서에 잘 보이지 않는 무를 삶아서 만드는 청주(菁酒), 개고기로 빚는 무술주, 들깨를 이용한 침출주인 소자주(蘇子酒), 부재료를 사용하지 않았는데 소나무 향과 계수나무 향이 난다는 송계춘(松桂春) 등이 실려있다.

술 빚는 법에서 '선(鐥: 복자)은 되(升)와 비슷하고, 세 병은 한 말(一斗)이다'라고 계량법을 소개하고 있다.

○ 규합총서(閨閤叢書)

1809년(순종9년) 빙허각 이씨(1759~1824년)가 엮은 가정살림에 관해 쓴 여성백과사전이다.

빙허각 이씨는 서유구의 형수로 부녀자의 생활지침을 우리말로 쓴 책으로 약주방문, 장초법, 어육조리법, 염색법 및 자신이 지킬 예의범절 등을 싣고 있다.

빙허각 이씨와 남편인 서유본은 벗이자 부부로 평생 동안 함께 책을 읽고 글을 썼으며, 봄이면 손수 빚은 백화주를 마시며 인생을 즐겼다고 전해진다. 술에 관한 내용은 구기자와 오가피를 이용한 약용주와 15가지의 술 빚기가 있다.

○ 임원십육지(林園十六志)

조선 순조 때인 1827년경 서유구(1764~1845년)가 저술한 책으로 〈증보산림경제〉를 토대로 엮은 113권의 대백과전서다.

향촌생활에 필요한 일을 16지(志)로 나누었는데 음식에 관한 분야가 정조지(鼎俎志)다. 정은 음식을 삶고 끓이는 발이 3개 달린 솥을 말하며, 조는 제물을 담는 제기를 말한다.

〈임원십육지〉 정조지에는 술 빚는 법 107가지를 소개하고 있으며, 이중 소주 빚는 법 21가지가 포함되어 있다. 누룩법 13개와 술 고치는 법 8가지 등 많은 내용을 수록하고 있다.

○ 양주방(釀酒方)

1837년경 쓰여진 작자 미상의 순 한글로 쓴 양조에 관한 책이다. 전체 72항목 중 1개 항목 '즙장 만드는 법'을 제외한 71개 항목이 술에 관한 것이다.

69종류의 술 빚는 방문과 석임 빚는 법, 소주 많이 나게 하는 법 등이

실려 있다

배꽃 술에는 멥쌀로 누룩 만드는 법이, 배꽃 술 별법에는 찹쌀과 멥쌀을 섞어 누룩 만드는 법을 소개하고 있다. 백수환동주에는 녹두로 누룩 만드는 법을 소개하고 있다.

● 역주방문(歷酒方文)

1800년대 중반에 쓰여진 저자 미상의 한문 필사본 조리서다. 본래 책 제목이 〈주방문〉으로 되어 있는데 책력(冊曆)의 용지를 뒤집은 반고지(反古紙)에 쓰여져 있어 다른 주방문과 구별하여 〈역주방문〉이라 부르게 되었다.

40개의 술 방문 중 소주방 4가지가 있고, 꽃이 들어가지 않고 밥알이 새하얗게 떠올라 꽃을 연상시킨다는 백화주(白花酒) 방문 2개가 있다.

● 정일당 잡지(貞一堂 雜識)

의령남씨 정일당 남씨(貞一堂南氏, 1840~1922년)가 1856년에 필사한 것으로 하일청향죽엽주, 사절소국주, 연일주, 부의주 등 4종류의 술을 소개하고 있다.

● 홍씨 주방문(洪氏 酒方文)

산림경제의 저자인 홍만선의 후손 집에 소장되어 있던 한글로 된 양조 전문 서적이다. 연대는 1800년대 중엽으로 추정하며 책이름이나 지은이를 알 수 없어 〈홍씨 주방문〉으로 불리고 있다.

상용약주 15종, 발효기간을 100일 이상으로 하는 특수약주 3종, 속성주 4종, 탁주 1종, 더운 곳에서 발효를 시키는 황금주를 감주로 분류하였고, 사철소주법, 송순주 등 혼양주 3종, 가향주 8종 등 36종의 술을 기록하고 있다.

속성주 중 두강주 및 일일주는 발효를 빨리, 안정적으로 시키기 위하여 석임을 사용하였다.

● 우음제방(禹飮諸方)

〈주식시의(酒食是儀)〉와 〈우음제방(禹飮諸方)〉은 은진 송씨가에 전해 내려오는 조리서다. 주식시의에는 음식을 기록하고 있으며, 우음제방에는 24종의 술 빚기를 기록하고 있다.

은진 송씨 가양주로 전해내려 온 송순주는 2000년 2월 무형문화재로 지정되었다.

● 술 만드는 법

1800년대 말엽 쓰여진 저자 미상의 한글 필사본 조리서로 술 빚는 법과 음식하는 각양법으로 나누어져 있다.

술 빚는 법 19종이 기록되어 있으며, 이화주를 달게 빚는 법이 소개되어 있다.

● 시의전서(是議全書)

1800년대 말엽 상주지방 반가의 조리 책을 필사한 저자 미상의 조리서로 한글과 한자를 병기하였다.

17가지의 술 빚기 방법이 소개되어 있으며, 음식 이름 중 '비빔밥'이라는 용어가 문헌상으로 처음 등장한다.

● 김승지댁주방문(金承旨宅酒方文)

1860년(철종11년)에 쓰여진 저자 미상의 한글 조리서로 전체 29조 조목 중 23개조목이 술 빚기 관련 내용이다.

● 승부리안 주방문(陞付吏案酒方文)

19세기초 안동 부에 소속된 이서(吏胥)계층이 필사한 한글 음식조리서이다.

송순주, 삼일주, 과하주, 옥지춘, 석탄향, 옥정주, 혼돈주, 오가피주, 소자주, 백수환동주, 구기자주 등 11가지가 기록되어 있다.

백수환동주법에는 '하늘의 비밀스러운 방문이니 너무 헛되이 세상에 전하여 사나운 사람으로 하여금 배우게 말라'고 하였다

● 조선무쌍신식요리 제법(朝鮮無雙新式料理 製法)

1924년 이용기가 편찬한 요리책으로 최초로 겉표지에 컬러를 사용하였다.

책 이름은 '조선요리 만드는 법으로는 이만한 것이 둘도 없다'는 뜻이다.

1924년 출간 이후 재판을 거쳐 1936년 증보판, 1943년 4판까지 발행되었던 인기 있었던 요리책이다. 〈임원십육지〉 정조지를 저본으로 번역을 하였는데 서양 및 중국, 일본식 요리까지 싣고 있다. 술 빚기 방법으로 85종을 소개하고 있다.

부록

1. 술 빚기 용어 해설
2. 전통주 제조업체
3. 술집 탐방
4. 酒泉 작은 시화집

부록 1
술 빚기 용어 해설

○ 술 빚기 용어

* 멥쌀. 백미. 갱미(粳米)
⋯▶ 아밀로즈 20%, 아밀로 펙틴 80%로 구성, 보통 밥으로 먹는 쌀.

* 찹쌀, 점미
⋯▶ 아밀로 펙틴만으로 구성되어 점도가 높은 쌀.

* 팽화미. 튀긴 쌀
⋯▶ 쌀을 가열하여 알파화시킨 상태로 가공한 것으로 튀긴 쌀, 팽화미라 한다. 술 빚기 공정의 단순화, 쌀 씻기 생략 등 원가절감이 가능하다.

* 고두밥. 지애밥
⋯▶ 쌀을 불려 시루나 찜기 등에 쪄서 고들고들하게 된 밥.

* 분곡. 가루누룩
⋯▶ 밀가루로 만든 누룩으로 곱게 가루를 내어 사용한다.

* **누룩가루**
⋯▶ 밀로 만든 조곡을 가루 낸 것으로 동정춘, 하향주, 감향주 등 물이 적게 들어가는 술 빚기에 사용한다.

* **혼화한다, 치댄다, 혼합한다, 섞는다**
⋯▶ 전분질재료에 누룩이나 밑술 등을 넣고 고르게 섞어주는 일.

○ 리큐어(Liqueur)

리큐어는 증류주나 주정에 과실, 약초, 향초 등의 성분을 넣은 혼성주를 말한다. 일반적으로 증류주로 알려진 데킬라, 압생트, 베네딕틴 등이 리큐어로 분류된다. 주세법상에는 리큐르로 표기되어 있다. 외래어를 표기하는 맞춤법상에는 리큐어가 표준어다.

○ 산패

발효중 효모수가 부족하여 신맛의 술이 되는 것을 산패라 한다.
양조 도구의 오염, 혼화가 부족하여 초기 당화가 늦어지는 경우, 발효온도가 높아 효모가 사멸하는 경우, 누룩의 역가가 부족하거나 전분질 재료 대비 적게 사용하는 경우 등 여러가지 원인에 의해 발효가 정지되고 신맛이 강한 술이 된다.

○ 감패

발효가 잘 되지 않거나 정지되면서 단맛이 강한 저알코올 술이 되는 것을 감패라 한다. 저온발효나 누룩을 많이 사용하여 발효초기에 당화가 빠르게 진행되어 효모활성이 약하게 되는 경우 발생한다. 젖산균이 활성화되어 시고 단 술이 되는 경우 감산패라고 한다.

ㅇ 백탁현상

상압식 증류를 하는 경우에 비점이 높은 기름성분이 유출되어 증류주가 맑은 쌀뜨물 같이 혼탁해지는 것을 백탁현상이라 한다.

백탁은 미관상도 좋지 않지만 산화하여 산패취를 발생시켜 증류주의 품질을 떨어뜨린다.

기름성분은 냉동 등 저온상태에서 표면에 떠오르므로 키친타월, 깨끗한 면수건으로 찍어내거나 커피 거름망 등을 이용하여 걸러준다.

ㅇ 담금 초기에 저어주는 이유

효모는 호기성균으로 술덧에 산소가 있으면 알코올을 만들지 않고 효모의 증식에 영양분을 이용하게 된다. 밑술은 우량효모의 대량증식이 목적이므로 하루에 1~3회 저어주어 호기적 조건으로 관리해 주어야 한다.

효모는 산소가 없는 혐기적 조건에서 당분을 이용하여 알코올을 만들게 된다. 이양주 덧술의 경우 담금 초기(1~3일)에는 효모 수가 부족하므로 저어주어야 하나 오염의 가능성이 있으므로 혼화를 충분히 해주고 저어주지 않는 것이 좋다.

덧술에서 자주 저어 줄 경우에 효모가 알코올을 만들지 않고 증식만 하므로 알코올 도수가 낮아져 산패가 될 수 있다.

○ 혼양주(混釀酒)와 혼성주(混成酒)

혼양주란 발효주에 증류식 소주를 부어 알코올도수를 높인 술을 말하며 과하주, 송순주, 강하주, 한산춘 등이 있다.

혼성주는 양조주나 증류주에 향료, 감미료, 색소 등을 첨가하여 만든 술로 리큐어라고 한다. 주로 칵테일을 만들 때 사용한다.

이강주, 인삼주, 죽력고, 매실주 등이 리큐어로 분류된다.

○ 정종

청주를 정종(正宗)이라 부르는 사람이 많이 있다. 정종은 일제강점기 시절 일본 청주 상표이름이던 '마사무네(正宗)'류의 맑은 술을 정종이라 부르기 시작한 데서 유래되었다. 따라서 청주를 정종이라 부르는 것은 잘못된 표현이다.

현재 우리나라에서 생산되고 있는 청주는 청하, 백화수복, 국향, 설화 등이 있다.

○ 누룩량과 발효의 상관관계

누룩을 많이 사용하면 당화도 잘 되고 알코올 발효도 잘 된다. 증류목적의 발효주에는 일반적으로 누룩을 많이 사용한다. 탁, 약주 목적의 경우에는 술에 누룩취가 강하며, 맛과 향도 좋지 않으며 산패나 감패가 될 수 있으므로 적정량을 사용하여야 한다.

○ 신곡(神麯), 신국(神麴), 약누룩

누룩 속에 있는 국균이 발생시키는 효소에 의하여 전분, 단백질, 지방을 분해하여 소화재의 역할을 한다. 동의보감에서도 누룩은 독이 없고 소화를 돕는다고 기록하고 있다. 한방에서 누룩을 신곡, 신국, 약누룩이라 하여 약용으로 사용하였다.

○ 남주북병(南酒北餠)

조선시대에 서울은 청계천을 중심으로 북촌과 남촌으로 불렸다. 사대부와 양반들이 많이 사는 안국동, 가회동 지역의 북촌에서는 떡을 잘 만들어 먹었다. 떡은 술보다 귀한 음식이다.

무인들과 가난한 선비들이 많이 살던 남산동, 회현동 지역의 남촌에서는 술을 빚어 마셨다. 남주북병(南酒北餠)이란 말이 생겨난 유래다.

○ 소독용 알코올은 100%를 사용하지 않는다.

에탄올은 세포의 단백질을 변성시켜 미생물의 살균제로 다양하게 사용한다.

알코올 100% 에탄올은 세포막을 뚫고 들어가 내부에서 작용하여 세포

막의 단백질을 빠르게 응고시켜 표면에 단단한 막을 만들게 된다.

따라서 70~75%의 에탄올이 미생물의 세포막으로 투과하는 능력이 강하여 살균력이 뛰어나다.

의료용구의 소독용으로 통상 알코올 70%를 사용하며 약국 판매용 제품은 76.9%~81.4% 제품이다.

○ 온도에 따른 알코올분 환산

알코올 도수는 섭씨 15도에서 순수한 물 100ml중 알코올의 함량을 말한다. 20% 술은 100ml기준 알코올 20ml가 들어 있다는 뜻이다.

탁주나 청주 상태로 알코올분 측정은 되지 않는다. 시료 100mL를 증류하여 주정계로 알코올분을 측정하고 증류액의 온도에 따라 보정을 해야 한다.

• 온도 환산 예시

구분	8%	10%	12%	15%	20%	30%
10도	8.5	10.6	12.7	16.0	21.3	32.0
15도	8.0	10.0	12.0	15.0	20.0	30.0
20도	7.3	9.3	11.2	14.0	18.5	28.0
25도	6.5	8.3	10.2	12.8	17.1	26.1

● 산막효모(골마지)

산막현상은 누룩 속에 있는 피치아(산막효모)에 의해서 생기는 곰팡이 같은 흰색막을 말한다. 김치, 오이지, 간장, 고추장, 식초 등 발효식품의 겉 표면에도 많이 생긴다.

이양주의 경우에 밑술에 발생될 수 있으며 덧술에서는 잘 발생되지 않는다.

대부분 단양주의 경우에 많이 발생하게 된다.

혼화가 부족하거나 누룩을 적게 사용하여 초기에 알코올발효가 지연되는 경우에 생기게 된다. 단양주의 경우 산막효모를 제거하고 술덧을 저어주어 추가적인 산막효모의 생성 발생을 막아주고 상태를 관찰해 보아야 한다.

이양주 밑술의 경우 산패되지 않았다면 산막효모를 제거하고 사용해도 된다.

● 초파리 제거

날씨가 따뜻해지면 술 방에 초파리가 생겨 골칫거리가 된다. 술독을 열어 살필 때 독 안으로 날아 들기도 하고, 용기에 술을 부을 때 과감히 투항하는 놈들도 있다.

약을 뿌릴 수도 없다. 전자 모기향을 사용해 보기도 했는데 냄새가 술에 배일까 신경 쓰인다. 모기나 파리가 달라붙는 끈끈이도 사용해 보았다. 볼썽사납다.

높이가 낮은 병에 막걸리를 넣고 종이로 깔때기를 만들어 초파리를 유인하는 방법이 효과적이다. 냄새를 맡고 병에 들어간 초파리는 나오지 못하고 막걸리에 빠지게 된다.

○ 서주 감자주에서 잘라서 말리는 이유

고구마와 감자에는 전분뿐 아니라 섬유질이 많다. 섬유질은 발효가 용이하지 않아 미숙주가 되기 쉽다. 고구마나 감자를 잘게 썰어 반 건조 시키는 것은 발효를 좋게 하기 위한 방법이다.

○ 증류계수

발효주의 알코올분이 증류에서 회수되는 비율
(예시: 알코올 15.2%인 발효주 40L기준)
- 발효주 알코올분 : 40L × 15.2% = 6.08L
- 소주생산량

분획 비율	초류(1%)	본류(28%)	후류(6%)
생산량(L)	0.4	11.2	2.4
알코올(%)	73.9	49.0	3.0
총 알코올(L)	0.29	5.49	0.07
비고	폐기	상품화	재증류

- 증류계수 : 5.85 / 6.08 = 96.2%

　*국세청 지도 증류계수 : 93%

부록 2
전통주 제조업체

전통주란 1) 주류부문의 중요무형문화재 보유자가 제조한 술. 2) 주류부문의 식품명인이 제조한 술. 3) 지역특산주를 말한다.

민속주, 토속주로 불리던 우리 술이, '전통주 등의 산업진흥에 관한 법률'이 시행되며 전통주로 불리고 있다. 우리 술을 조금이라도 쉽게 접할 수 있도록 제조업체를 소개한다. 조사를 하다 보니 전통주 관리체계가 너무 복잡하다.

'문화재 보호법'에 의한 '중요무형문화재'와 '시도무형문화재'로 지정된 전통주가 있다. 1979. 7월 한산소곡주가 처음으로 시도무형문화재로 지정되었으며, 1986. 11월 문배주, 면천두견주, 교동법주가 국가 중요무형문화재로 지정되었다. 이후에는 시도무형문화재만 지정되고 있다.

문화재로 지정된 29종의 전통주 중 명인과 중복되는 술은 13종이나 된다. 식품명인, 중요무형문화재와 시도무형문화재로 지정된 전통주의 차이는 무엇인지. 문화재로 지정된 술 대부분이 명인조건(20년)에 부합되는데 명인으로 지정되지 않은 연유는 무엇일까 궁금하다.

'식품산업진흥법'에 따라 '식품명인'이 제조하는 전통주는 19종이다. 이 중 13종은 문화재로 지정되었다.

• 중요무형문화재
문배주(명인지정), 면천두견주, 경주 교동법주

• 시도무형문화재

서울	대구	대전	경기	경남	경북
송절주, 삼해주 (약주.소주), 향온주	하향주	송순주	계명주*, 옥로주*, 남한산성 소주	함양 송순주*	김천과하주*, 안동소주* (조옥화), 문경호산춘, 안동송화주

전남	전북	제주	충남	충북	계
해남진양주, 진도홍주 (허화자), 보성강하주	이강주*, 죽력고*, 송화백일주*	오메기술, 고소리술	한산소곡주*, 계룡백일주*, 아산연엽주, 금산인삼주*, 청양구기주*	충주청명주, 보은송로주, 청주신선주	29종

1. *표시는 식품명인 지정
2. 김제송순주(2009.8월), 화성부의주(2011.3월)는 문화재 지정 해제

• 식품명인의 기능보유 전통주(19종)

전북 전주	충남 금산	충남 공주	경북 안동	경기 김포
송화백일주 (94. 8)	금산인삼주(94. 8)	계룡백일주 (94. 8/ 10. 1)	안동소주* (박재서, 95. 8)	문배주 (95. 8)
전북 전주	**경기 용인**	**충남 청양**	**경기 남양주**	**충남 논산**
전주이강주(96. 4)	옥로주 (96 .4)	구기자주 (96, 4)	계명주 (96. 4)	가야곡왕주* (97. 12)
경북 김천	**충남 서천**	**경북 안동**	**전남 담양**	**강원 홍천**
김천과하주(99. 9)	한산소곡주(99. 12)	안동소주 (조옥화, 00. 9)	추성주* (00.12)	옥선주* (01.5)
경남 함양	**전북 태인**	**경기 파주**	**부산**	**계**
송순주 (05. 8)	죽력고 (12. 10)	감홍로* (12. 10)	산성막걸리* (13. 12)	19종

*표시를 제외하고 무형문화재로 지정됨.

문화재나 명인주로 지정하고 지원하는 것도 중요하지만 제대로 전승되고 함께 누리는 문화를 조성하는 것도 중요하지 않을까? 서울시가 지정한 4대 명주가 삼해약주, 송절주, 향온주, 삼해소주다. 모두 문화재로 지정된 술들이지만 삼해소주를 제외하고는 접하기 어렵다.

문화재 급으로 지정된 술들은 연 1~2회 시연행사로 명맥만 유지할 것이 아니라 일반인들이 항시 접할 수 있도록 제도적인 지원과 관리도 뒤따라야 할 것이다.

보다 중요한 것은 소중한 문화유산임을 인식하고, 추석이나 설 명절에만 찾는 술이 아니라 항시 아끼고 사랑하는 술이어야 할 것이다.

여기에 소개하는 전통주 제조업체는 아스파탐 등 인공감미료를 사용하지 않은 업체로 한정하였다. 주종은 탁주, 약주(혼양주 포함), 증류주(리큐르 포함)를 대상으로 하였다. 과일주나 살균주는 제외하였다.

용량기준은 업체에서 여러 제품을 생산하는 경우 타 주종과 형평을 이루는 용량을 기준으로 하였다. 소재지와 전화번호는 생산지를 기준으로 하고, 별도 구입처가 제시된 경우에는 제시된 구입처의 전화를 기준으로 하였다.

전통주 제조업체의 대부분이 자체 홈페이지를 운영하지 못하고 있다. 가격도 제시하지 못하는 영세업체가 대부분이다. 일일이 전화를 하여 확인 하였다. 일부 가격 변동이 있을 수 있고 구입하는 수량에 따라 가격이 달라질 수도 있음을 밝혀둔다.

교동법주

한산 소곡주

이강주

문경 호산춘

중원 청명주

비슬산 하향주

아산 연엽주

김천 과하주

죽력고

증류소주

삼해주(소주)

백화주

부록2
전통주 제조업체

• 탁주

(ml) (%) (천원)

업체명	상품명	용량	알코올	가격	소재지	전화
계명주	계명주				경기 남양주 (생산 중단 중)	
다랭이팜	다랭이팜막걸리	750	8	2	경남 남해	055-862-3998
문경주조	문희	500	13	25	경북 문경	054-552-8282
방풍도가	수작	500	12	8		
봇뜰	십칠주	500	17	8	경기 남양주	031-528-3150
	이화주	100	12	5		
술샘	백설공주	100	8	8	경기 용인	070-4218-5225
예술	만강에 비친달	500	10	12	강원 홍천	033-435-1120
	홍천강 탁주	500	11	10		
자희자향	자희향 탁주	500	12	16	전남 함평	061-324-6363
정헌배 인삼주가	진이	500	12.5	25	경기 안성	031-677-3363
청산녹수	사미인주	750	8	3.5	전남 장성	061-393-4141
최행숙 전통주가	미인 막걸리	600	10	6	경기 파주	031-958-1297
태인 주조장	송명섭 막걸리	900	6	3	전북 정읍	063-534-4018

• 약주

(ml) (%) (천원)

업체명	상품명	용량	알코올	가격	소재지	전화
경주법주	법주	700	13	6.8	경북 경주	054-745-7369
계룡 백일주	계룡 백일주	600	16	29	충남 공주	041-853-8511
교동법주	교동법주	900	16	34	경남 경주	054-772-5994
금산 인삼주	인삼주	375	12.5	3	충남 금산	041-754-3313
김천 과하주	과하주	700	16	12	경북 김천	054-436-4461
	과하주(혼)	700	23	22		
대가야 스무주	대가야 스무주	700	14	25	경북 고령	054-954-3870
둔송 구기주	둔송 구기주	700	16	12	충남 청양	041-942-8138
면천두견주 보존회	두견주	700	18	30	충남 당진	041-355-5430
문경 호산춘	호산춘	700	18	15	경북 문경	054-552-7036
민속주 왕주	왕주	800	13	8	충남 논산	041-741-8355
보성 강하주	강하주(혼)				전남 보성 (생산 중단 중)	061-852-8259
송화양조	송곡 오곡주	700	16	18	전북 완주	063-221-7047
신라주 황금주	황금주	700	14	13	경북 경주	054-762-9988

(ml) (%) (천원)

업체명	상품명	용량	알코올	가격	소재지	전화
아산 연엽주	연엽주	800	14	20	충남 아산	041-543-3967
예술	동몽	500	17	30	강원 홍천	033-435-1120
오대서주양조	서주	700	11	12	강원 평창	033-335-7609
자희자향	자희향	500	15	24	전남 함평	061-324-6363
정헌배 인삼 주가	비	500	16	30	경기 안성	031-677-3363
제주 샘주	오메기술	375	13	13	제주 애월	064-712-2075
중원당	청명주	700	17	15	충북 충주	043-842-5005
참 송엽주	참송엽주	375	15	3	경남 양산	055-381-5959
최행숙 전통주가	초리골 미인	500	15	15	경기 파주	031-958-1297
	아황주	300	17	6		
칠선당	칠선주	750	16	26	경기 인천	032-937-7754
하향주가	하향주	700	17	40	대구 달성	053-614-3383
한산 소곡주	소곡주	700	18	14	충남 서천	041-951-0290
해남 진양주	진양주	500*3	16	22	전남 해남	061-532-5745

• 증류소주(리큐르 포함)

(ml) (%) (천원)

업체명	상품명	용량	알코올	가격	소재지	전화
감홍로	감홍로	700	40	80	경기 파주	031-954-6233
계룡백일주	계룡백일주	700	40	50	충남 공주	041-853-8511
금산인삼주	금산인삼주	500	43	18	충남 금산	041-754-3313
남한산성소주	남한산성소주	400	40	25	경기 광주	031-769-1100
명가원	담솔	500	40	22	경남 함양	055-963-8992
문배주양조원	문배술	700	40	36	경기 김포	031-989-9333
불로주	포항불로주	800	45	30	경북 포항	054-246-0321
삼해주공방	삼해소주	400	45	38	서울	070-8202-9165
소백산오정주	오정주	700	35	25	경북 영주	054-633-8166
송로주	송로주	700	40	35	충북 보은	043-542-0774
송화양조	송화백일주	300	38	30	전북 완주	063-221-7047
술샘	미르	375	40	27	경기 용인	070-4218-5225
신라주	신라주	700	30	34	경북 경주	054-762-9988
안동소주	명인안동소주	400	45	20	경북 안동	054-856-6903
	명품안동소주	400	45	22	경북 안동	054-856-1100
	민속주안동소주	400	45	22	경북 안동	054-858-4541

업체명	상품명	용량	알코올	가격	소재지	전화
	양반안동소주	400	45	18	경북 안동	070-7439-3129
영양 장생주	초화주	800	41	36	경북 영양	054-682-6036
유천 양조원	옥로주	750	45	35	경기 용인	031-333-0335
이강주	이강주 2호	750	25	25	전북 전주	063-212-5765
정헌배 인삼주가	봉	700	40	250	경기 안성	031-677-3363
제주샘주	고소리술	375	40	25	제주 애월	064-799-4225
진도홍주	대대로 홍주	700	40	15	전남 진도	061-542-3399
	대복홍주	700	40	15	전남 진도	061-544-1300
	아리랑 홍주	700	40	15	전남 진도	061-543-0621
	예향홍주	700	40	15	전남 진도	061-544-1488
	한샘홍주	700	40	15	전남 진도	061-544-5550
추성고을	추성주	700	25	33	전남 담양	061-383-3011
태인 주조장	죽력고	700	32	40	전북 태인	063-534-4018
한산 소곡주	한산 소곡주	700	43	28	충남 서천	041-951-0290
한주양조	옥천한주	700	45	70	충북 옥천	043-731-1720
화요	화요	750	41	28	경기 여주	031-881-3057

부록 3
술집 탐방

술에 대하여 기본적인 공부를 하였다. 이제는 찾아 다니며 우리 술을 즐길 차례다. 맛집이나 술집은 기본 정보를 가지고 찾아가면 좋다. 많은 사람의 경험에 의하여 이미 검증을 거쳤기 때문이다.

술집 탐방을 다니면서 느낀 점이 있다. 우리 술을 판매하며 고객들에게 호평을 받고 있는 주점들이 생각했던 것보다 많이 있다. 주점 운영자도 대부분 젊다. 우리 술에 대하여 기본적인 공부도 하였다. 주 고객층들도 젊은 층이다.

아주 바람직한 현상이다. 젊은 사람들이 마시는 우리 술. 바꾸어 말하면 우리 술의 미래가 밝다는 의미이기도 하다.

이곳에 소개하는 우리 술 주점들은 우리 술 애호가들의 추천과 고객들의 평판이 좋았던 곳으로 필자가 직접 찾아 시음을 하고 선정한 곳이다. 막걸리와 청주, 증류소주를 중심으로 판매하는 곳으로 한정하였다. 우리 술을 일부 취급하며 사케나 와인 등을 중심으로 판매하는 곳은 제외하였다.

누룩나무(인사동)

누룩은 술의 씨앗이다. 누룩나무란 상호가 정겹다. 누룩나무는 막걸리학교 졸업생 5명이 공동투자하여 운영하는 술집이다. 그냥 편안하게 우리 술을 마실 수 있는 작은 공간이다.

지방의 30여종의 막걸리와 송명섭, 갯방풍 막걸리는 물론 자희향, 만강에 비친 달 등 프리미엄 막걸리도 맛볼 수 있다.

증류주도 3대 명주로 일컫는 죽력고, 문배주, 이강주는 물론 안동소주, 감홍로, 홍주, 화요 등이 있다.

안주류도 철판요리, 볶음요리. 전, 계란말이, 국물요리는 물론 무침까지 다양하다.

시내 중심가에 있어 접근성도 좋다. 출출한 퇴근길에 가볍게 한잔하기 안성맞춤이다.

 **찾아가는 길**

주소: 종로구 관훈동 118-9 (종로구 인사동 16길 8-1)
　　　안국역 6번 출구 방범순찰대 건물 사이 골목
전화: 02. 722. 3398
영업시간: 15:00~24:00 / 일요일 휴무

두두(혜화동)

혜화동은 연인들의 공간이다. 강남의 신흥도시에 밀리는 느낌이지만 아직도 젊은이들이 즐겨 찾는 데이트코스가 많이 있다. 두두는 대학로에서 벗어난 골목 안에 있는 막걸리집이다.

고 오규원 시인의 유고시집 〈두두〉에서 이름을 빌려 왔다고 한다.

두두시도 물물전진(頭頭是道物物全眞)이란 '사물 하나하나가 모두 도이고 사물 하나하나가 전부 진리다'라는 선가의 말이다.

전국의 막걸리 30여종과 청주는 물론 증류식 소주까지 있다. 인테리어가 깔끔해 카페 분위기가 난다. 분위기가 좋아서 그런지 외국손님도 눈에 띈다. 색다른 분위기에서 전통주를 즐기는 것은 또 다른 즐거움이 아닐까?

 찾아가는 길

주소: 종로구 동숭동 130-24(종로구 동숭2길 3-4)
혜화역 2번 출구 골목길 직진 미락김밥 옆 골목
전화: 010. 9119. 1884
영업시간: 15:00~02:00 / 월요일 휴무

막걸리이야기(사당동)

테이블이 7개 있는 아주 작은 술집이다. 안주도 간편하면서도 편한 음식이다. 수육, 피 고막, 홍어, 문어, 두부김치, 김 부각, 바지락 등이 전부다. 때로 전어무침 등 제철안주가 준비될 뿐이다. 주인 아주머니는 정작 술을 한잔도 하지 못한다.

지방 막걸리 15가지 종류를 골라 마시는 재미도 있다. 송명섭 막걸리와 방풍막걸리도 만날 수 있다. 죽력고, 화요 등 증류주도 있다.

막걸리이야기를 가려면 예약을 하는 것이 좋다. 소규모 모임 등을 하며 독채로 이용하는 경우도 많다. 평일인 화요일 초저녁에 갔는데도 자리가 없다. 영업시간도 저녁 6시부터 10시까지 달랑 4시간이다. 전국 막걸리집

중 영업시간이 가장 짧은 술집일 듯 싶다. 무엇이 술꾼을 끌어 들이는 마력일까? 직접 가보고 느껴볼 일이다.

찾아가는 길

주소: 관악구 남현동 1058-18(관악구 남부순환로 272길 8)
　　　사당역 6번 출구 직진하다가 르메이르 강남타운을 끼고 왼쪽
전화: 02. 588. 1516
영업시간: 18:00~22:00 / 일요일 휴무

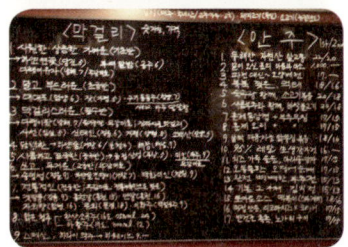

막걸리학교(이수)

술집 이름이 막걸리학교다. 가방을 둘러맨 가족들과 뒤따르는 강아지가 재미있다. 학교답게 술 차림도 기초반에는 시원하고 가벼운 술, 초급반에는 달고 부드러운 술, 막걸리스러운 필수반, 감미료를 사용하지 않고 쓰고 무거운 술을 고급반으로 분류해 놓고 있다.

칠판에 빼곡히 적어놓은 모습에 정말 오래된 추억 속의 초등학교 시절이 생각난다.

전국적인 막걸리를 많이 취급하고 있다. 이곳에 가면 좋은 막걸리를 골라먹는 재미가 쏠쏠하다. 막걸리에 대하여 잘 몰라도 걱정하지 않아도 된다. 술박사 매니저가 추천하는 술을 마시면 되니까.

작은 공간이지만 소품들도 아기자기하게 배치되어 있다.

술마시는 것도 막걸리학교에서 단계적으로 배워보는 것은 어떨까?

 찾아가는 길

주소: 동작구 사당동 144-16(동작구 동작대로 25길 41)
　　　　7호선 이수역 10번 출구 해미수산 골목안 작은 삼거리 좌측
전화: 02. 6012. 6550
영업시간: 17:00~01:00 / 일요일 휴무

맛거리(화곡동)

화곡동에 자리한 막걸리집. 시내에서 접근성이 떨어지는데도 손님들로 북적인다. 내부는 널찍하고 편안한 인테리어가 대중적이다.

이곳에서 판매되는 막걸리 종류만 25종류가 넘는다. 프리미엄 막걸리 자희향, 이상헌 탁주, 홍천강 탁주도 눈에 띈다.

안동소주, 죽력고, 감홍로, 이강주, 담솔, 문배술, 계룡백일주, 불노주 등 증류주도 어느 집보다 다양하다. 술 가격도 시내 중심가의 막걸리집보다 저렴한 편이다. 안주 메뉴를 짝수(2개, 4개 등) 주문하면 4천원을 할인해 준다. 아이디어가 번득인다.

젊은 사장이 술에 대한 내공도 대단하다. 과하주 한잔 시음하고 주품명을 알아 맞춰서 놀랐다. 매월 한번씩 다양한 우리 술 시음회를 하며 쌓인 내공이다. 우리 술에 관심이 있다면 시음회라도 참여하여 견문을 넓혀 우리 술을 제대로 즐겨보자.

 **찾아가는 길**

주소: 강서구 화곡3동 1065(강서구 화곡로 25길 8)
6호선 화곡역 7번 출구 직진 베스킨라빈스 가기 전 골목
전화: 02. 2602. 9997
영업시간: 17:00~02:00 / 일요일 휴무

무명집(상수동)

이름 없는 집이란 뜻의 무명집. 자신감 넘치는 술집 이름이다. 간혹 그림이나 시 중에 무제는 본 적이 있지만 상호에 무명을 쓰는 곳은 처음 본다.

전라도출신 젊은 사장이 남도음식의 맛과 팔도막걸리를 조합해낸 술집이다. 여러가지 막걸리도 눈에 띄지만 가정식 술상메뉴가 특징이다.

밥집에서 반찬으로 내 놓는 것들이 안주다. '가정식 술상'은 스팸, 전, 김치찌개, 계란프라이, 샐러드로 구성되어 있다.

닭볶음탕, 보쌈, 냉채족발, 홍어삼합, 회무침, 오징어숙회 등 안주종류도 다양하다.

미술을 전공한 젊은 주인이 공간을 예쁘게 색칠해 놓았다. 남도요리와 우리 술, 미적 감각이 묻어나는 공간까지 즐겨보자.

 찾아가는 길

주소: 마포구 상수동 329-7 (마포구 와우산로 30)
　　　6호선 상수역 3번 출구 당인리 발전소 방향
전화: 02. 323. 2016
영업시간: 17:00~02:00 / 연중무휴

물뛴다(충정로)

물뛴다는 우리술 협동조합에서 설립한 전통주 전문 술집이다. 벽돌로 한쪽 벽을 마무리했다. 투박하지 않고 적당히 넓으며 고급스런 카페 분위기가 난다. '물뛴다'는 물고기가 뛴다는 말의 줄임말이다. 즉 물고기가 팔딱팔딱 뛰는 것처럼 '우리 술을 발랄(跋剌)하게 즐기는 공간'이란 뜻을 담고 있다.

물뛴다에서는 잔을 골라 마시는 재미가 있다. 손님이 각기 다른 잔으로 술을 마시는 것이다. 지방의 여러 막걸리는 물론 프리미엄 막걸리와 청주도 만날 수 있다. 증류주도 안동소주, 아락, 감홍로, 문배주, 홍주, 죽력고 등 다양하다. 술뿐만 아니라 공간도 큰 편이라 단체석도 있고 소규모 단위의 자리도 있어 다양한 모임을

겸할 수 있다. 안주도 여러 종류가 마련되어 있다. 정갈하고 맛이 있다. 주말은 복잡하니 주초에 발랄하게 우리 술을 즐겨보자.

🍶 찾아가는 길

주소: 서대문구 충정로 3가 3-12(서대문구 경기대로 43)
충정로역 7번출구 동아일보 사옥 지나 경기대 입구

전화: 02. 392. 4200

영업시간: 월~금 11:00~24:00 / 토 15:00~23:00 / 일요일 휴무

세발자전거(합정동)

'세발자전거'는 세 명의 친구가 공동투자, 공동운영하며 붙여진 이름이다. 처음에 이탈리아 음식점으로 출발하여 팔도 막걸리를 취급하는 주점으로 탈바꿈하였다. 지금은 단골손님이던 사람이 단독 대표가 되었다. 세발자전거는 우리 술 전문점을 표방하고 있다. 우리 술 품평회 심사위원인 주인의 시음에 의하여 선정된 전국의 술들을 취급하고 있다. 막걸리뿐만 아니라 감홍로, 추성주, 옥선주, 미르 등 증류도도 있다.

식자재 중 고기류(소고기, 돼지고기, 닭고기 등)는 무항생제 재료이며 모든 재료는 국산을 사용하고 있다. 어릴 적 타던 세발자전거처럼 편안한 분위기 속에 우리 술을 즐겨보자.

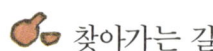 찾아가는 길

주소: 마포구 합정동 426-1(마포구 월드컵로 37)
6호선 합정역 8번출구 망원역 방향 5분거리

전화: 070. 4196. 5224

영업시간: 16:00~24:00 / 일요일 휴무

안씨 막걸리(이태원)

안씨 막걸리는 2013년 12월 페이스북을 통하여 100명을 모아 이태원 경리단길에 문을 연 주점이다. 다수의 소액 투자자를 모은 것은 안씨 막걸리가 우리 사회의 문화 거점이 될 수 있는 공간이 되길 바라는 마음을 담고 있다.

우리 술은 아스파탐 등 인공감미료를 사용하지 않는 술만 취급한다. 이상헌 탁주, 자희향, 천비향, 홍천강 탁주, 미인 막걸리, 갯방풍, 송명섭 등 막걸리와 청주다. 소주도 안동소주, 송화 백일주, 솔송주 등 고품격이다. 공간 곳곳에 작품들이 있다. 천장에 매달려 있는 장승은 한옥 대들보 서까래와 마을을 지켜주는 장승을 조합하여 현대적으로 해석한 작품이다.

안주는 메뉴에 없다. 그날 그날 정해지는 오늘의 안주 중 골라먹는 묘미가 있다. 작품도 감상하며 명품 술을 마시려면 전철역에서 10분쯤 발품을 팔아야 한다.

찾아가는 길

주소: 용산구 이태원동 257-4(용산구 회나무로 13가길 61)
　　　이태원역 6번 출구 / 녹사평역 2번 출구 경리단길 위 장진우거리(보석길)
전화: 02. 6340. 5359
영업시간: 18:00~01:00 / 연중무휴

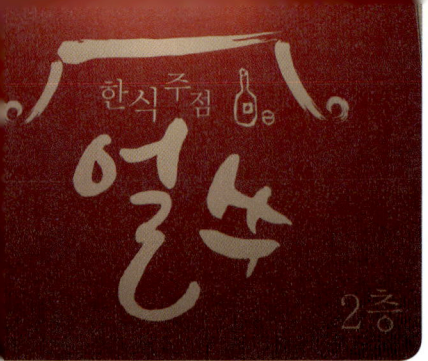

얼쑤(서교동)

젊음의 거리 홍대입구역 아주 가까이 있는 한식주점이다. 얼쑤는 얼씨구의 줄임 말이다. 흥에 겨워서 떠들때 가볍게 장단을 맞추며 내는 소리다.

2층에 위치하고 있는데 공간이 넓은 편이며 한쪽 면의 문을 열 수 있어 더욱 시원스러운 분위기다. 조용한 카페분위기가 난다.

국내산 식재료를 사용하는 안주류는 다양한 편이다. 계절별로 제철음식이 별도로 준비된다. 막걸리도 다양하다. 파주 최행숙 도가에서 만든 미인과 아황주를 비롯하여 갯방풍, 출시되지 얼마 되지 않은 삼양춘 막걸리도 눈에 띈다. 증류주도 감홍로, 죽력고, 화요에 송화백일주까지 있다.

편안한 분위기에서 술을 공부한 주인과 매니저가 권해 주는 술로 얼씨구 흥겨워 보자.

 **찾아가는 길**

주소: 마포구 서교동 331-13 2층(마포구 어울마당로 136-3)
2호선 홍대입구역 8번출구 도보 3분
전화: 02. 333. 8897
영업시간: 18:00~02:00 / 연중무휴

장군집(봉천동)

전주식 막걸리집이다. 막걸리 3병에 기본안주가 나오고, 3병을 더 시키면 또 다른 안주가 나온다. 전북 임실의 사선막걸리를 시켰다. 기본안주가 20여 가지 나왔다.

꼬막, 계란 찜, 두부김치, 꽁치, 단호박, 야채 등에 홍어까지 나오는 푸짐한 상이다. 막걸리 3병에 안주까지 포함하여 25,000원으로 아주 저렴한 가격이다.

일반 막걸리집에서 지방 막걸리를 6~7천원 하는데 그것에 적용하면 써 붙인 대로 안주는 공짜인 셈이다.

막걸리는 배다리, 두평, 사선, 백련, 장수 등으로 아직은 술 종류가 다양하지 않아 조금 아쉽지만 서울에서 넉넉한 전주식 막걸리 분위기를 느껴보자.

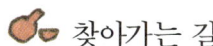 찾아가는 길

주소: 관악구 청룡동 913-8(관악구 청룡2길 12-1)
  2호선 봉천역 1번 출구 영림시장 골목
전화: 02. 872. 0562
영업시간: 14:00~02:00 / 2.4주 일요일 휴무

서촌 금천교 시장

서촌은 경복궁의 서쪽을 말한다. 청와대 인접지역이라 개발이 제한되어 지금은 지적도상 조선시대와 가장 근접한 모습을 지니고 있다. 한옥과 오래된 골목들이 있어 마음을 편안하게 해주는 동네다.

금천교시장은 체부동시장, 적선시장 등으로도 불린다. 최근에 세종대왕이 태어난 곳이라 하여 '세종마을 음식문화거리'로 이름표를 바꾸어 달았다.

서울의 강남은 휘황찬란하고 부자들이 연상된다. 북촌은 고풍스럽고 품격이 느껴진다. 남산골이 샌님의 이미지라면 서촌은 서민적인 냄새가 물씬 풍기는 마을이다. 서촌에 있는 통인시장에 들어서면 마음이 넉넉해지고 풍성해진다. 금천교시장은 다듬지 않은 투박함이 있어 더 정감이 간다. 음식은 고급스럽지 않고 푸짐해서 맛있다. '계단집', '체부동집', '서촌 친구네' 등 맛집이 많다

조선시대에 서울은 청계천을 중심으로 북촌과 남촌이 있었다. 사대부와 양반들이 많이 사는 안국동, 가회동 지역의 북촌에서는 떡을 잘 만들어 먹었다. 떡은 술보다 귀한 음식으로 여겼다. 무인들과 가난한 선비들이 많이 살던 남산동,

회현동 지역의 남촌에서는 신세를 한탄하며 술을 빚어 마셨다. 남주북병(南酒北餅)이란 말이 생겨난 유래다.

윤동주 시인의 하숙집과 문학관, 겸재 정선의 그림에 등장하는 수성동 계곡, 가장 오래 된 '대오서점', 시인 이상의 집, 박노수 미술관, 세종대왕이 태어 난 준수방 터, 사직단 등 볼거리도 풍성하다.

 찾아가는 길
3호선 경복궁역 2번 출구 금천시장

전대감댁(서촌)

전대감댁은 금천교시장 중간에 있다. 전, 주, 반, 탕, 면, 소란 말과 같이 음식과 술을 함께 즐길 수 있는 곳이다. 입구가 좁지만 중간에 마루도 있고 공간이 넓다. 시내 중심가에 있어 접근성도 뛰어나다. 해가 지기 시작하면 직장인들이 한잔 술을 하기 위해 찾아 들고 외국인들도 자주 찾는다.

때마침 자리한 외국인들이 사진기에 포즈를 취해준다. 오랜친구와 둘이 모듬전 하나에 인공감미료 대신 꿀을 사용한 다대포 막걸리를 시켰다. 저녁식사 전인데도 모듬전이 많아 둘이서 다 먹지 못하였다.

전대감 댁에 과음을 경고하는 재미있는 그림과 글귀가 눈길을 끈다. 퇴근길 술을 즐기되 술과 싸우지는 말자.

 **찾아가는 길**

주소: 종로구 체부동 184(종로구 자하문로 1 나길 7-17)
　　　3호선 경복궁역 2번 출구 금천교시장(세종마을음식문화거리)내

전화: 070. 4202. 5170

영업시간: 11:30~24:00 / 연중무휴

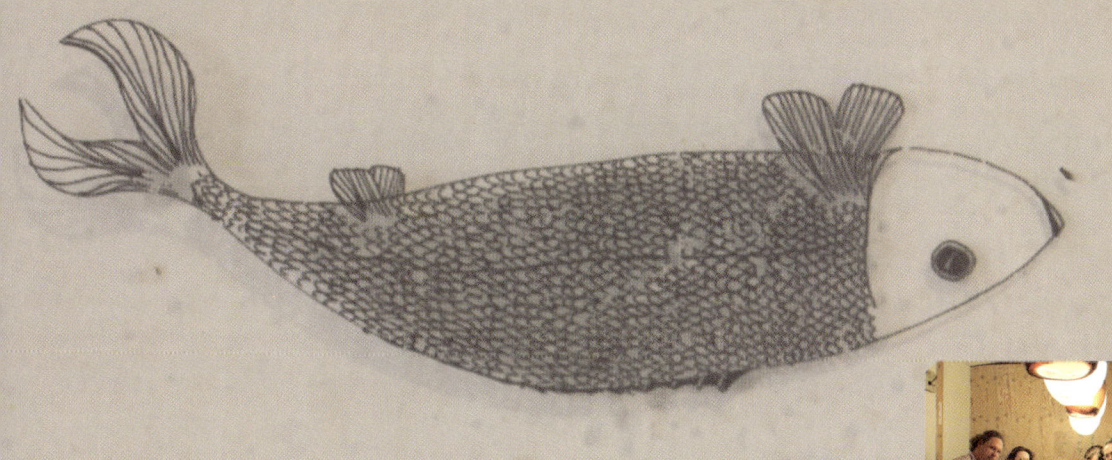

물고기는 물과 싸우지 않고
주객은 술과 싸우지 않는다

부록 4
酒泉 작은 시화집

    3년 동안 시를 공부하며 써놓은 것 중에서 술과 세시풍속에 관한 시 12편을 골랐다. 아직 미숙주 형태로 시고, 떫고, 텁텁하다. 세상에는 여러 종류의 술이 있다. 그 술의 특성을 알고 술을 마시면 더 의미가 있듯, 관련된 세시풍속, 해당되는 술, 그림 등과 연결하여 시를 이해하였으면 하는 바람이다.

지금은 세시풍습이 사라져 어린 시절 희미한 기억만 남아있는 정월대보름날을 생각하며 쓴 시가 '정월 대보름날에'이다.

'신주(神酒)'는 국가 중요무형문화재이며 유네스코 인류구전 및 세계 무형 문화재산으로 등재된 강릉 단오제를 관람하고 쓴 시다.

'이화주 빚으며'는 떠서 먹는 술 이화주에 대해 궁금해하는, 시를 배우는 친구들에게 맛보여 줄 목적으로 술을 빚고 쓴 시다. 필자의 등단 시 이기도 하다.

'국선생전(麴先生傳)'은 두 모녀가 술자리에서 국화주 한 잔 마시며 자신의 실수를 웃음으로 승화시키는 모습에 이규보 선생의 국선생전을 빌려왔다.

'백화주(百花酒) 백두에 오르다'는 백화주를 빚으려고 133가지의 꽃을 모으고 술을 빚은 후 운 좋게 백두산에 올라 백화주 한 잔 마시며 시상을 떠올린 시다. 아직도 그 향기가 코끝에 머물러 있다.

'해파랑 길을 걷는다는 것' 부산 오륙도 해맞이 공원에서 고성 통일전망대에 이르는 770km를 혼자 걸으며 쓴 몇 편의 시 중 하나이다. 완주 기념으로 빚은 술이 해향(海香)이다.

멀리 떠난 친구를 기리며 쓴 '꽃잎'. 한 마을에 살며 6년 동안 초등학교를 함께 다녔던 친구, 지금도 여러 기억들이 많이 남아있다.

밥 대신 모주 한잔으로 빈 배를 채우는 가난한 이들을 생각하며 쓴 '채워지지 않는 허기'. 그러나 제대로 재료를 넣어 만든 모주는 원가나 영양 면에서 일반 술과 비교할 수 없을 정도로 귀한 술이다.

〈동의보감〉, 〈산림경제〉, 〈임원십육지〉 등에 소개되어 있는 무술주를 구순 노모에게 드리려고 빚었다. 물론 개고기로 술이 될까 하는 궁금증도 한몫했다.

'술이 익는 어느 골목'이 태어난 이유다.

막걸리 학교에서 술을 함께 배운 친구가 술을 빚으라며 자작나무 수액을 가지고 왔다. 한 모금 맛도 보지 못하고 술을 빚고 쓴 시가 '자작나무가 내게로 왔다'이다.

'주천(酒泉)'은 파괴된 영월 주천을 생각하며 쓴 시다. 생명 있는 날까지 주천을 대신하여 술을 빚겠다는 마음을 다지며 필자가 사용하는 호 이기도 하다.

'만향(滿響)'은 〈전통주 이야기〉의 표지그림을 그려준 술친구의, 술을 대하는 사람들의 가슴에 울림을 가득 채우는 술을 빚으라는 준엄한 뜻을 기리며 쓴 시다(벽향과 만향 해설 참조).

시 목록

1. 정월 대보름날에
2. 신주(神酒)
3. 이화주 빚으며
4. 국선생전(麴先生傳)
5. 백화주(百花酒) 백두에 오르다
6. 해파랑 길을 걷는다는 것은
7. 꽃잎
8. 채워지지 않는 허기
9. 술이 익는 어느 골목
10. 자작나무가 내게로 왔다
11. 주천(酒泉)
12. 만향(滿響)

정월 대보름날에

동구 밖
400살 드신 엄나무 가지에
족제비연 꼬리 걸려 있다

큰 명절 정월 대보름
하루 종일 바쁘다

눈 비비며 마시는
이명주(耳明酒) 한 모금
아버지 폭주에 질린 어머니
꽁꽁 숨겨 놓았던 청향(淸香)의 맑은 술
보약처럼
육남매에게 나누어 주신다

부스럼을 예방한다는 튼튼한 부럼
어깃장 놓으며
삼복이면 콧등에 뾰루지가 났다

해뜨기 전
더위 팔러 동네 두 바퀴 뛰어 다닌다
파는 데 정신 팔려 친구의 더위를 사고

철 이른 더위를 먹는다

큰 달 보며 망월놀이
하얀 쌀밥 먹게 해 달라고 빌고
논두렁 태우며 설빔 나이롱 양말 태워먹는다

정월 대보름, 서울은 달도 빈 날
내 마음 텅 비어 있다

신주(神酒)

솔향 진한 제주(祭酒)
진땡이 술

대관령 아흔아홉 구비
천 년 사연 담은 단오제

음력 4월5일
강릉 사람들 쌀 모아
신주를 빚는다

술 빚은 열흘 뒤 4월 보름날
영동 사람 염원 담긴
산신제
대관령 단풍나무 신목(神木) 타고
강림하는 신

유교식 제례

어우러지는 굿판

무녀(巫女) 앞에
속마음 모두 보여주며 빌고

신주 한 모금 음복하며
신과 하나가 되어 본다

이화주 빚으며

　입동 근처 핀 배꽃처럼 까칠한 당신 하이얀 속살 같은 변덕 심한 날씨에 내리는 싸락눈 같은 쌀가루에 이 말 저 말 섞어 속살거리며 사랑을 반죽한다 삶아낸 구멍떡, 도너츠처럼 비로소 동그랗게 웃는 당신 윤기 나는 얼굴로 이화누룩을 바라본다 일찍 곱게 단장한 이화누룩이 사향 냄새 풍기며 눈웃음 짓는다 물 없이 구멍떡과 이화누룩이 만나 두 달 동안 사랑을 나눌 신방을 차리는 일이 만만치 않다 비위를 맞추고 살살 달래 주며 한 시간 공들여 치근덕거리는 것까지 내가 할 수 있는 마지막 작업을 거는 일이다

　다음 차례는 붉은 여우 당신, 주인(酒人)과 자연이 들려주는 소리에 귀 기울여 재주 아홉 번 넘으면 눈 내리는 겨울밤 아랫목처럼 절절 끓는 사랑이 익을 것이다

첫 경험의 그날
호기심 찬 하이얀 얼굴

창밖에 까치소리 들리어 온다

국선생전(麴先生傳)*

해질녘
한 차례 안면 튼 사내들 술자리에
기꺼이 함께 하는 모녀

소원하던 모녀 간격
국화주 한 잔 하며
촘촘해졌다

달포 전
모녀가 술 한 잔 진하게 하고
서로 화장실에서 잠들어 있었다고
그 세상이 천국이라고
멀었던 모녀 사이
그제야 두 마음 하나가 된다

맹물 마시며 어색한 사이

국화 향기
머리 한켠 하얗게 비워
모녀의 속마음
바쁘게 실어 나른다

국선생전 복습 중이다

* 이규보 선생이 술을 의인화하여 술의 긍정적인 면을 묘사한 가전체 소설

백화주(百花酒) 백두에 오르다

　이른 봄 처음 만난 친구 산수유, 그는 생강나무를 소개해 주었다 백목련을 만나자 자목련이 어깨를 기대왔다 참꽃을 만나고 나니 개꽃이 얼굴을 디밀었다 아름다움 속에 독을 가지고 있다 옥잠화와 싸리꽃도 그렇다 작은 성격 탓에 너무 많은 친구를 만난다는 작은 망설임도 있었지만 친구들이 30여 명이 넘어서자 더 많은 친구들은 누구일까 설레임이 발동하였다 산과 들 아버지 산소 주변을 쏘다녔다 덕분에 아버지는 가외로 술을 몇 번 드셨다 과수원을 하는 친구

들이 징검다리를 놓은 매화 이화 도화 사과꽃 오얏꽃 살구꽃도 친구가 되었다 국산 씨앗을 구하지 못한 중국산 메밀은 공터에 뿌렸는데 어김없이 소금꽃이 피었다 늦가을 서릿발에 초췌해진 감국(甘菊)과 산국(散菊)을 마지막으로 친구는 128명으로 늘어났다 씻기고 말리는데 식품건조기는 덩달아 친구가 되고 식물도감 두 권도 가세하여 친구들의 이름표를 일일이 달아 주었지만 여섯은 미아가 되었다

 이후 꽃에 질려 애써 꽃을 외면하고 지내던 2년, 송쿨호수 3,000미터 푸른 초원의 에델바이스 유혹에 넘어갔다 국적이 다른 외국 친구 다섯이 가세하여 133명의 친구들이 만세를 불렀다

 양기 충만한 중양절 때부터 100일 동안 낯선 항아리 작은 공간에서 불평하지 않고 화음 연습을 하던 꽃 친구들 힘든 내색도 하지 않고 발맞추어 백두산에 올랐다 133명의 합창 소리에 놀란 백두의 크고 작은 꽃들이 뜨겁게 얼싸안아 주었다

 백두에 백화만발하였다 천지로 향기가 스며들었다

해파랑 길을 걷는다는 것은

걷는다는 것은
섬처럼 갇힌 마음
활짝 열어 보는 일이다

밤새 일렁이며 수평선 지키는
파도의 친구가 되고
파도와 노는
갈매기의 친구가 되어 보는 일이다

해변의 주인 잃은 의자에 앉아 보고
주인 없는 백사장에 앉아
연엽주 한잔 마시며
소금기 좋아하는
갯방풍을 가까이서 바라보는 일이다

오륙도에서 고성까지 동해 천구백 리 길
걸어온 길 아득하고
걸어갈 길 까마득해도

차가 다니는 길 다니지 못하는 길
자전거가 가는 길 가지 못하는 길을
천천히 가 보는 일이다

하루를 열흘처럼 마디게 살고
각지고 뒤틀린 마음
갈고 바로잡아
한 걸음 또 한 걸음

당신에게 가까워지는 일이다

꽃잎

술이 거나해진 고향 친구
사월 봄날
떨어진 오얏 꽃잎 하나 주워들고
급하게 명왕성으로 떠났네

오얏꽃 좋아하던
동래정씨 친구
전주이씨 명정 덮고 누워 있었네
화장을 한 이씨 성 가진 사람
필시 바뀐 이름표 달고 갔겠네

혼자 사는 오빠 생각하며
여동생 다섯이 번갈아 짝으로 사 오는 소주
집 앞 오얏나무 아래 평상에
무상 주막 차려
위아래 열 살 술친구 되었네

닷새 전
빈 소주병으로 바꾸어 온 막걸리
다 마시지 못하고
평상 위에 남겨 둔 다섯 병
양지바른 음택으로 가지고 왔네

태양계 행성에서 퇴출된 명왕성
맨 끝자리 올린 명부(冥府)
왕족처럼 떵떵거리며 살라고
오얏 꽃잎 하나 띄워
막걸리 한 잔 철철 넘치게 따라 주었네

채워지지 않는 허기

어깨에 빈 지게 매달린 새벽녘
추적추적 비는 내리고
허기진 배도 매달린다

술 좋아하는
아들을 위해 어머니가 만들고

인목대비 어머니 노씨가
제주 유배 시절
방문주 술지게미를 얻어 만들어
연명하였다는 모주母酒

길 잃은 새벽달
허름한 문짝 열고 들어선 선술집
매달린 허기진 배
밥처럼 물처럼 채우는 술

채워도 채워지지 않는 허기

쉬지 않고 내리는 새벽 비

술이 익는 어느 골목

어느 골목
달을 보고 짓던 누렁이가
어둠 속으로 걸어 들어갔다

컹컹
석 달 열흘 동안 고두밥 먹다가
맑게 웃으며 걸어 나왔다

기름기 도는 살얼음 같은 비릿한 냄새

주정뱅이 남편 생각에
밀밭에서도 넘어지는 구순 할머니
무술주(戊戌酒) 한 잔 홀짝이며
처녀 적 고무줄 놀이하던
골목으로 들어간다

술자리서 습관처럼 왼 고개 틀며
몸만 생각하는 석(昔)씨 아저씨
석 잔 연거푸 들이마시며
인생 골목 풀어 놓는 사이

누렁이 한 마리
골목길로 걸어 나온다

자작나무가 내게로 왔다

3월을 하루 남긴 어둑해진 밤
진부령 비탈 자작나무
하얗게 어둠 밝히며
자박자박 내게로 걸어왔다

온몸에 상처 난 푸르름 너머
하얀 겉옷이 어른거린다

손바닥에 파란 물 들이며
진부령에서 따라온 달이

얇게 펼쳐 놓은
꼬들꼬들해진 하얀 캔버스에
물감을 가만히 부었다

번져 가는 파아란 물감 따라
어린 시절 내게 왔던
초록 봄이 먼저 왔다

주천(酒泉)

영월 주천강변
하늘이 만들어 놓은 주천이 있었다네

양반에게는 청주
천민에게는 탁주가 나왔다는 주천
사람의 욕심이
술샘을 파괴하였다네

      생명 다하는 날까지
      사람 냄새 나고
      가슴으로 울림 전해지는
      향기 나는 술 빚으며
      내가 술샘이 되려 한다네

만향(滿響)

대동강 푸른 물의 향기
벽향(碧香)
술을 마신 사내가
처음 불러 준 이름이었네

하늘에
해와 달 별 조상의 공덕
땅에는 자연과
붉은 여우 멀리서 지켜 주는
사슴의 지혜가 함께 있었네

높게 오르라는 제단
주인(酒人)에 대한
깊고 높은 바람 푸르렀네

두 번째로 사내가 불러 준 이름
가슴에 울림 가득한

벽향보다 한 뼘 더 큰 만향이었네

평소에 막걸리 좋아하시던 아버지
명절과 제사 때만 드시는
간에 기별도 없는 허기진 맑은 술
다만
손톱만한 울림이라도
전해지길 바랄 뿐이라네

참고문헌

국세청주류면허지원센터, 탁. 약주제조교본, 2002

농림수산식품부, 탁. 약주개론, 수학사, 2012

농촌진흥청, 풀어 쓴 고문헌 전통주 제조법, 2011

류만공, 우리 세시풍속의 노래, 임기중 역주, 집문당, 1993

박록담, 다시 쓰는 주방문, 코리아쑈케이스, 2005

배상면, 전통주 제조기술, 우곡출판사, 2006

빙허각 이씨, 규합총서, 정완양 엮음, 2012

서유구, 임원십육지, 이효지 외 엮음, 교문사, 2007

수운잡방. 주찬, 윤숙경 편역, 신광출판사, 1998

우리 술 보물창고, 농업기술 실용화재단, 2011

우리 술 사전, 정동효, 중앙대 출판부, 1995

유대식. 유현영, 우리 누룩의 정통성과 우수성, 월드 사이언스, 2011

음식디미방, 경북대 출판부, 2011

이상희, 한국의 술문화, 도서출판 선, 2009

이익, 성호사설, 최석기 옮김, 한길사, 2012

이효지, 한국 전통 민속주, 한양대학교 출판부, 2009

전순의, 산가요록, 한복려 엮음, 궁중출판사, 2007

정동효, 한국의 전통주, 유한문화사, 2010

조정형, 명주보감, 서해문집, 2011

조정형, 다시 찾아야 할 우리의 술, 1991

주방문. 정일당잡지 주해, 백두현 엮음, 글누림출판, 2013

최남선, 조선상식문답, 기파랑, 2011

홍석모, 동국세시기, 최대림 역해, 홍신문화사, 1997

영월 주천의 유래

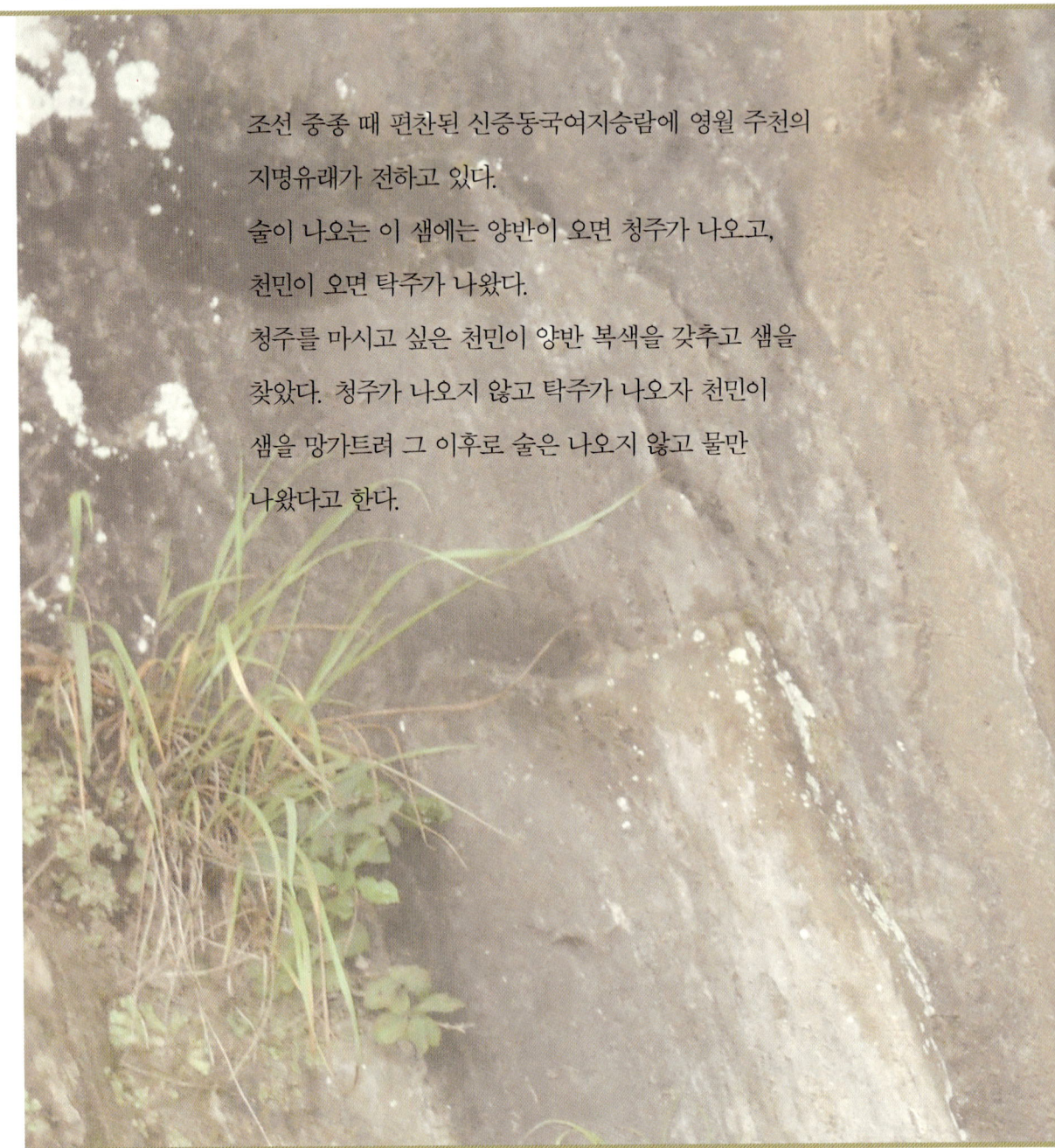

조선 중종 때 편찬된 신증동국여지승람에 영월 주천의 지명유래가 전하고 있다.
술이 나오는 이 샘에는 양반이 오면 청주가 나오고, 천민이 오면 탁주가 나왔다.
청주를 마시고 싶은 천민이 양반 복색을 갖추고 샘을 찾았다. 청주가 나오지 않고 탁주가 나오자 천민이 샘을 망가트려 그 이후로 술은 나오지 않고 물만 나왔다고 한다.

'벽향(碧香)'과 '만향(滿響)'

이 그림은 제 손으로 그렸다고는 하지만 엄밀히 말해서 류규형 선배님의 술이 잠시 제 손을 빌렸을 뿐인 그림입니다. 즉 류규형 선배님의 술이 제 마음 속에 조화를 부린 것이지요.

4년 쯤 전에, 선배께서 빚으신 창작 맑은술을 대할 영광을 얻은 바 있었는데, 그 곱고 선명한 향과 서늘할 만큼의 느낌에 감히 그 술의 이름으로 '벽향(碧香)'이라는 이름을 붙인 영광을 얻었습니다. 지금도 그 이름이 생명을 얻고 있는지는 모르고 있습니다만. ㅎㅎ

그 날 이후에 제 마음에는 그 '벽향'에 대한 짝사랑이 자라고 있었는데 급기야는 어느 날 뚝딱 이 이상한 그림이 생겨나고 말았습니다. 더 정직히 말씀드린다면 '벽향'을 통하여 확인된 류규형 선배에 대한 사랑이 바람과 기원을 엮으며 형과 색을 빚어낸 것입니다. 바랄 수 있다면 눈으로 마음을 적시는 새로운 형태의 '벽향'이 되기를 바랍니다만.

그림 속의 해와 달과 별이 함께 자리하는 것은 우주의 힘과 조화, 특히 시간의 흐름이 한자리에 모여 있음을 뜻하니 그렇게 영원히 생(生)하고 기본의 자리에 준함을 획득하게 하소서 하는 뜻입니다.
하늘을 감청으로 처리한 것은 선비의 준열한 기상처럼 스스로 각(覺)하라는 뜻이

표지그림 해설

지요. 끝없이 더 좋은 술을 연구하고 깨닫는 자세가 리(理)와 기(機)로 함께하기를 바라는 것입니다.

중앙의 술독의 옆에 나무가 있음은 술의 바탕 힘인 누룩의 생명력을 뜻하고요, 빨간 여우는 재주와 재물을 물어 오고 사기(邪氣)를 막아주기를 바람입니다. 당연히 술에 꼭 필요한 요소들입니다.

멀찍이 사슴 한마리가 있습니다. 류규형 선배님의 모습입니다.
그림의 아래에 곧 따라질 듯이 기운 술병과 사람 한 사람이 앉아 있지요? 그림을 바라보는 분을 뜻합니다. 함께 오셔서 함께 술과 우주를 느끼고 깨닫고 이어가자는 바람입니다. 간절한.
아래쪽 바탕색인 황금색은 풍요와 으뜸의 경지에서 인정받고 있음을 뜻하는 자신과 긍지에의 소망이기도 합니다.

가운데 제단은 한발 한발 올라가 술을 빚는 최고의 경지에 오르라는 기원을 담고 있습니다만 사실은....

아름답고 눈물겨운 한편의 시를 눌러 펼쳤습니다.
우리네 모두 대한사람의 피를 가졌다면 영원히 잊지 못할 술과 낭만의 절언명시.

'벽향(碧香)'과 '만향(滿響)'

나그네

박목월

강나루 건너서 / 밀밭 길을

구름에 달 가듯이 / 가는 나그네

길은 외줄기 / 남도 삼백 리

술 익는 마을마다 / 타는 저녁놀

구름에 달 가듯이 / 가는 나그네.

혹시 선배께서 허락하신다면 이 그림의 이름을 '만향(滿響)'으로 짓고 싶습니다. 선배님의 술을 가슴으로 맡은 지도 벌써 몇 년의 세월이 흘렀으니 이제쯤이라면 술을 대하는 사람들의 마음을 적시던 향을 더욱 익혀 그 술을 대하는 사람들의 가슴에 '울림'을 가득 채우시는 경지에 도달하셨으리라 하는 바람으로... 기원입니다. 기도입니다.

이문채(李門采)

나가는 말

욕심만 너무 앞섰다. 술 빚기를 이야기로 풀어내고 사진으로 남기는 것이 쉬운 일은 아니었다. 준비를 한다고 글쓰기와 사진에 관한 교육도 받았다. 김훈의 소설 〈남한산성〉도 필사해 보고 시집이며 〈안도현의 발견〉도 필사했다.

카메라도 새로 준비하고 인문학습원 기행에서 사진도 많이 찍어 보았다.

막상 원고를 마무리하고 나니 부족한 것이 많다. 이것이 필자의 한계인 것을 어찌 하겠는가?

나이 들어 술 빚는 데 심취하여 사는 것이 즐겁다. 앞으로도 계속 술에 대해 공부 할 것이다. 생명 있는 그날까지 '혼이 담긴 술'도 빚고 싶다.

빚는 술이 언제나, 표지 그림이 지향하는 만향(滿響)이었으면 하는 바람을 가져본다. 지나친 욕심인 줄 알면서도.

술을 대하는 사람들의 가슴에 '울림'을 채워주는 술.

생각만 해도 설렌다.

그래서 酒泉이라고 했다. '술이 평생 마르지 않는 샘'이고 싶기 때문이다.